デジタルとリアルが融合する
小売と広告の未来

稲森 学
株式会社アドインテ
取締役副社長兼COO

実践
リテールメディア

インプレス

稲森 学（いなもり まなぶ）
株式会社アドインテ 取締役副社長兼COO

1986年生まれ。通信会社で営業として働き、20歳で起業。24歳で自身の会社の株式を売却し、株式会社イーファクターの大阪支社立ち上げに従事。その後、2度目の起業でSNSに特化したマーケティング会社を設立。2016年に株式会社アドインテと合併し、副社長に就任。アドインテではDX推進事業部とセールス部門を統括するほか、資金調達や新規サービスの立ち上げ、アライアンス業務などを幅広く担当。AIやIoTなどのさまざまな技術を活用しながら小売企業とメーカーを支援し、双方の利益を最大化すべく奔走している。国内外を問わず、リテールメディア関連での登壇実績も多数。

株式会社アドインテ
https://adinte.co.jp/

はじめに

私たちがリテールメディア事業に取り組み始めたのは、2016年から2017年のことです。当時は小売企業様に提案をするといっても当然実績はなく、国内に事例もないため、提案の機会すらいただけないこともありました。日本全国を飛び回り、「DX」や「OMO」といった流行りのキーワードを使って何とか耳を傾けてもらい、何度も提案を続けました。

今後、小売企業様にとってリテールメディアは重要な戦略の1つになるとともに、リテールメディアがデジタル広告市場の一角を担い、広告主となるメーカー様にとっても欠かせないメディアになる───。夜中のオフィスでそう確信したことを、今でも覚えています。

あるとき、2年間通っていた大手小売企業様から「とにかく一度やってみよう」というお言葉をいただき、その帰り道は本当にうれしくて、すぐさま出張先のホテルで事業構想や計画を練った記憶があります。そのお言葉がなければ、私たちは今、まったく違うサービス展開をしていたかもしれません。

2022年あたりから、国内でもリテールメディアの専門部署を立ち上げる動きが出てきたり、さまざまなサービスが発表され始めたりしました。一方、海外に目を向けると、私の想像を超えるスピードで、今もなお、革新的な事例が次々に発表されています。

ただ、2024年の現在においても「リテールメディアとは何か」を定義付けるのは難しく、私にとって書籍の執筆は大きなチャレンジでした。お客様や会社の仲間と、毎日頭を悩ませながら蓄積してきた現場の経験も踏まえながら、「実践」に踏み込んだ内容とすることを心掛けました。また、先進的な取り組みをされている小売企業様やメーカー様にも、ご協力をいただくことができました。

本書の執筆を進めていた2024年7月、「Googleがサードパーティ Cookie廃止の方針を撤回」というビッグニュースが飛び込んできました。しかし、プライバシー保護の気運が世界的に高まり、特にiOSのシェアが6割の日本ではモバイルデバイスがCookie規制の影響をすでに受けている中、デジタル広告においてCookieをベースにしたユーザー追跡が難しくなることに変わりはないでしょう。

小売企業様が持つファーストパーティデータを活用するリテールメディアは、Cookieレス時代のデジタル広告市場において、大きな存在感を発揮するとの確信は変わりません。そして何より、広告という枠を超え、ユーザーの買い物体験の向上に貢献するのがリテールメディアであると、私は信じています。

本書がリテールメディアに関わる方々にとって少しでも参考になり、市場全体が正しい方向に成長していく一助となれば、大変うれしく思います。

2024年11月　稲森 学

CONTENTS

はじめに ... 3

第1章 なぜ今、リテールメディアなのか？ — 11

- **1-1** リテールメディアの基本概念と期待が高まる理由 ... 12
- **1-2** リテールメディアが市場と消費者に与える影響 ... 21
- **1-3** 米国の最新事例と日本国内における代表的な課題 ... 33

特別寄稿 リテールメディア台頭の背景にある
サードパーティCookieの存亡 ……… 43

杉原 剛（アタラ株式会社 代表取締役CEO）

第2章　あらゆる顧客接点がメディア化する —— 小売事業者の先進事例　53

2-1　ツルハホールディングス ……… 54
店舗、アプリ、サイネージで先駆的な取り組みを続ける

2-2　セブン-イレブン・ジャパン ……… 72
1日2,000万人が来店する店舗のメディア化を目指す

2-3　楽天グループ ……… 86
楽天市場がブランドの世界観を伝えていく
メディアとして進化中

2-4　イオンリテール　　100
アプリとリテールメディア連携による顧客体験の向上を目指す

2-5　トレードデスク（The Trade Desk）　　110
台湾とシンガポールでのリテールメディアの最新事例

第3章　顧客への「価値伝達」が鍵を握るメーカーの先進事例　117

3-1　味の素　　118
新規顧客獲得単価を重視する広告のクリエイティブ

3-2　江崎グリコ　　130
リテールメディアの枠を超えた
小売事業者との連携で売場を改革

| 3-3 | 味の素AGF | 140 |

リテールメディアならではの
価値伝達と活用の型作りに取り組む

| 3-4 | アンファー | 152 |

ID-POSの分析で発見した高いリピート率を
施策に生かす

| 3-5 | 花王グループカスタマーマーケティング | 158 |

ツルハのリテールメディアで
洗剤や化粧品などの施策を検証

第4章 リテールメディアの実践に向けた取り組みと考え方 ……… 165

| 4-1 | 自社が保有するデータの整理と分析環境の構築 ……… 166 |

| 4-2 | データを活用した施策の事前分析と事後分析による検証 ……… 182 |

| 4-3 | 広告配信におけるターゲティングと目的・媒体の選定 ……… 189 |

| 4-4 | 個人情報保護方針や組織体制などの課題への対処法 ……… 196 |

おわりに	204
索引	205

本書に掲載されている情報について

本書は、2024年11月現在の情報を掲載しています。
本書に記載されている製品名やサービス名は、一般に各開発メーカーおよびサービス提供元の商標または登録商標です。なお、本文中には™および®マークは明記していません。

本書の内容はすべて、著作権法によって保護されています。著者および発行者の許可を得ず、転載、複写、複製等の利用はできません。

Copyright © 2024 AdInte co.,ltd. All rights reserved.

第 1 章

なぜ今、
リテールメディアなのか？

本章ではまず、リテールメディアの概念や
消費者に与える影響について整理します。
また、米国での代表的な事例や、
日本国内における課題も理解することで、
おおまかな全体像をつかんでください。

1-1 リテールメディアの基本概念と期待が高まる理由

リテールメディアとはどのような概念を持ち、なぜ近年注目を集めているのか？ 本節ではリテールメディアの定義を理解すると共に、日本国内において注目を集めている理由や期待される背景、今後の市場規模について筆者の考えを整理したい。

ひと言で表すのが難しいリテールメディア。ポイントは「顧客との接点」

「リテールメディア」とは何か？ 小売業界や広告業界に突如現れ、近年急速に注目を集めているこのキーワードは、人によって定義が異なるため、ひと言で表すことは非常に難しい。

実は、リテールメディアに近い概念は何十年も前から存在しており、「**リアル店舗（実店舗）をメディア化する**」という言葉で表現されていた。最初となる本節では、筆者が考えるリテールメディアの「範囲」から解説を始めることにしたい。

まず、リテールメディアを最も広義なキーワードとして捉えたとき、**「リテール」、つまり「小売事業者」が持つオフライン／オンラインにおけるすべての「顧客との接点」**であると表現できる。この顧客との接点が、リテールが保有する「メディア」となるので、リテールメディアと定義できるはずである。

オフラインの接点とは、主に店舗である。ここ数年、店舗内にデジタルサイネージを設置して自社の販促情報や広告を配信する仕組みを取り

入れる小売事業者が増えている。これらもリテールメディアであり、リテールメディアの1つの広告メニューとなる。

　日本におけるリテールメディアのイメージは、実店舗を起点にした取り組みが多かったため、リテールメディア＝デジタルサイネージというイメージを抱く人も多いのではないだろうか。

　しかし、オフラインの顧客接点はサイネージだけに留まらない。従来使っているPOPなどの店内掲示物のほか、試供品などのサンプリング、クーポンなどの販売促進物、チラシ、レシートなども、すべてリテールメディアとして捉えることができる。さらにいえば、商品が並ぶ陳列棚なども含めて、**店舗内の顧客との全接点がリテールが保有するメディアとなりうる**、と表現できるだろう。

　一方、オンラインの接点では、小売事業者のWebサイト、SNSアカウント、ECサイト、アプリなどに加え、小売事業者の持つデータを活用する外部メディアと連携したデジタル広告、例えばGoogle広告やFacebook/Instagram広告などへの出稿もすべて、リテールメディアとして捉えられる。マーケティングに詳しい人であれば、「ファーストパーティデータを活用した外部メディア配信」などと表現したほうが、ピンとくるかもしれない。

　ファーストパーティデータとは、企業や組織が顧客から直接収集し、所有するデータのことを指す【図1-1-1】。小売事業者の場合は、会員カードやポイントカード、自社のWebサイトやECサイト、アプリなどを通じて得られる情報が該当する。

　こうしたファーストパーティデータには、会員の氏名、性別、年齢、電話番号、メールアドレス、広告識別子などの基本データに加え、購入履歴、購入日時、利用店舗などが含まれる。また、顧客が実店舗で商品を購入する際に使用される識別システムである「ID-POS」[※1]データを活

※1　ID-POS：「IDentification at Point Of Sale」の略。商品を管理するPOSデータと購入した顧客の情報を紐付けできる。

用し、デジタルと実店舗をシームレスにつなぐさまざまな広告施策も可能になる。

図1-1-1 リテールメディアにおけるファーストパーティデータのイメージ

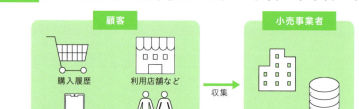

小売事業者が顧客の行動データを直接収集しているため、情報の質が高く信頼性が担保されやすい。

　小売事業者が持つファーストパーティデータには、消費者の日常的な購買行動などが記録・蓄積されている。これまではメーカーなどの企業がデジタル広告を配信する際に、小売事業者が持つファーストパーティデータをターゲティングの条件として活用することはできなかったため、その価値は非常に高い。

　そして、この点を踏まえると、リテールメディアとは「小売事業者が持つファーストパーティデータを活用し、外部メディアや小売事業者のアプリを対象とした広告を高精度に配信できる手法」と定義できる。これをリテールメディアの狭義の定義と捉えると、冒頭に述べた広義の定義から狭義の定義までのすべての「範囲」が、筆者が考えるリテールメディアの基本概念となる。

　ただ、繰り返しになるが、リテールメディアの明確な定義付けは非常に難しい。オンラインとオフライン、デジタルとリアルを融合し、顧客にシームレスな体験を提供することを目指すOMO[※2]の一環だとする考

※2　OMO:「Online Merges with Offline」の略。オンラインとオフライン（リアル）を融合させたマーケティングの考え方。

え方もあり、筆者もそれには同意している。

　本書執筆時点の2024年現在、リテールメディアの定義はまさに形成されている最中だといえる。もしかすると、海外におけるリテールメディアの定義と日本におけるそれは、少し異なるものとして帰着する可能性もあるだろう。

日本独特の事情も関係。リテールメディアの期待が高まる4つの理由

　基本概念を理解したところで、近年、なぜリテールメディアが期待されているのかについて筆者の意見を述べたい。これには日本独特の事情が関わっており、大きく分けて次の4つの理由があると考えている。それぞれの詳細を順に解説していこう。

1. サードパーティCookie廃止の撤回による影響
2. 少子高齢化と人口減少による市場規模の縮小
3. 店頭や会員データのデジタル化の定着
4. 若年層のテレビ離れ

サードパーティCookie廃止の撤回による影響

　1つ目の理由は、サードパーティCookieの廃止に関わる一連の動きである。リテールメディアがデジタル広告業界から強い期待を集めているのは、この影響が最も大きい。

　Cookieとは、Webサイトを閲覧したユーザーのブラウザーに一時的に保存される識別情報のことを指す。このうち、**サードパーティCookie**

は複数のWebサイトをまたいでユーザーの行動を追跡できるため、広告配信の精度向上のために不可欠だった。

しかし、サードパーティCookieの普及とともに、**過度なユーザーの追跡や情報収集が行われるようになり、プライバシー保護の観点から世界的に規制が進む**ようになった。また、国による規制に留まらず、AppleやGoogleなどの大手IT企業も、自社が提供するデバイスやブラウザーでの規制強化に乗り出していった。

そのような中、2024年7月、Googleがかねてより進めてきたサードパーティCookie廃止の方針を撤回するとのニュースが飛び込んできた。この一報は大いに業界を混乱させたが、世の中がCookieレスへと進む大枠の動きは変わっていないという状況がある。この動きの詳細については、本章末に収録しているアタラ株式会社CEO・杉原剛氏による特別寄稿「リテールメディア台頭の背景にあるサードパーティCookieの存亡」(P.43)を参照してほしい。

このようにサードパーティCookie廃止の動きが進む中、小売事業者が保有するファーストパーティデータを広告配信に活用できるリテールメディアが期待を集めるようになるのは、至極自然な流れといえるだろう。

▌少子高齢化と日本の人口減少による市場規模の縮小

2つ目の理由として、日本において顕著に進行している少子高齢化と人口減少による市場の縮小の影響がある。**消費行動が活発な若年層が少なくなることで、これまでのような販売施策だけでは売上が減少する**傾向にあるのだ。

縮小する市場に対応するため、小売事業者はDXやデジタル化による効率化・省人化に加え、自社アプリの開発を進め、会員データの獲得・蓄積に取り組んできた。これまで物理的なポイントカードを保有してこ

なかった若年男性層でも、スマートフォンのアプリであれば利用する傾向があり、小売事業者が保有するデジタル上のファーストパーティデータが充実してきている。

　なお、**小売事業者が顧客データのデジタル化に力を入れるようになったのは、2020年から2023年にかけてのコロナ禍による外出自粛の影響も大きい**。店舗への来店者が大幅に減少する中で、あらためて顧客とのつながりの重要性を認識し、自社アプリの開発や改修、データの蓄積や分析に力を入れ始めた。

　加えて、消費者の意識も変化している。コロナ禍において人との接触を減らすために電子決済の利用が進んだことで、小売事業者が提供するアプリでポイントを貯めることが一連の流れとして定着しやすい環境になった。

店頭や会員データのデジタル化の定着

　3つ目の理由が、店舗にデジタルサイネージを設置するような店頭のデジタル化の定着である。日本のリテールメディアにおいては、自社アプリやECサイトを活用したオンラインとオフラインの融合よりも、サイネージが先行した事例が多い。これには高機能な端末を安価に導入できるようになったという価格面での理由も大きい。

　デジタルサイネージの導入は10年以上前から始まっていたが、配信するコンテンツをUSBメモリーで1台ずつ管理するなど、臨機応変な運用ができなかった。現在では、店舗ネットワークを経由したリモートでの配信ができるようになっており、**特定の時間帯やイベントの開催などに合わせたコンテンツを柔軟かつリアルタイムに届ける**ことができ、利便性が高まっている。

　なお、米国においてはデジタルサイネージの導入よりも先に、自社アプリやECサイトを活用したオンラインとオフラインの融合による広告

配信が進んだ。そして、コロナ禍がひと段落した2023年頃、店舗に客足が戻ってきたタイミングに合わせて、デジタルサイネージなども活用した店舗での施策が活発になってきている。

国内ではデジタルサイネージが先で、これからオンラインとオフラインの融合が進もうとしているが、米国とはリテールメディアの進化が逆向きになっている点も興味深いところだ。

若年層のテレビ離れ

そして、リテールメディアが注目される4つ目の理由が、国内における若年層のテレビ離れである。といっても、**デバイスとしてのテレビからは離れておらず、正確には「リアルタイム視聴のテレビ番組離れ」**と表現できる。

例えば、薄型テレビ市場で2022年に24％のシェアを獲得したTVS REGZA[※3]は、出荷台数が前年比120％となり、中でもインターネットに接続できるコネクテッドTVが伸長している。コネクテッドTVでは地上波・衛星放送に限らず、NetflixやAmazon Prime Video、U-NEXT、YouTubeなどのVOD[※4]、地上波のテレビ番組を見逃してもあとから見られるTVerなどのインターネットテレビが視聴可能で、地上波とこれらのコンテンツの両方を楽しむ人が8割となっている。

米国ではコネクテッドTVの普及率が日本よりも高く、本章の第3節でも触れるウォルマートなどが自社の顧客データを活用したコネクテッドTVへの広告配信を行い、成果を上げている。日本でも少しずつではあるが、コネクテッドTVへの広告配信が開始されている。

※3 TVS REGZA株式会社のプレスリリース「レグザ史上初、国内テレビ市場シェアNo.1を獲得」（2023年1月25日）より
※4 VOD：「Video On Demand」（ビデオ・オン・デマンド）の略。さまざまな動画コンテンツを視聴できるサービスの総称のこと。

2028年には世界でテレビ広告を上回る規模に。日本も1.3兆円規模にまで成長する可能性

　リテールメディアは「デジタル広告市場の第3波」とも呼ばれているが、世界での市場規模については、さまざまな調査会社が予測を発表している。イギリスの広告代理店・WPPグループの傘下であるGroupMによれば、2028年に1,257億ドルに成長するとの予測があり、これはテレビ広告の市場を超える規模となる。

　日本国内におけるリテールメディアの市場予測については、2027年に9,000億円を超えるとされており、予測値は年々増加している状況だ。

　筆者としては、2028年頃の国内における市場規模は1.3兆円規模との予測を立てた。海外ではデジタル広告市場の約30%がリテールメディアになるという予測があることから、日本の場合はデジタル広告とプロモーションの市場を併せて考えると、近い将来に1兆円を超えると考えてもおかしくない。調査会社の予測値も年を経るごとに、その数値に肉薄してきたという感覚がある。

　「デジタル広告とプロモーションの市場を併せて考えると」と述べたのは、日本には10兆円以上の「販促予算」があり、この予算からもリテールメディアに流れる可能性があるからだ。

　現状、日本における販促予算は、メーカーから小売事業者へのリベートなどに充てられている。この場合のリベートとは、商品を店舗で販売する際に、メーカーが小売事業者に対して支払う割引や返金のことを指す。

　競争が激しい商品カテゴリでは、メーカーは自社の商品を店舗で積極的に販売してもらうために、小売事業者に対してリベートを提供することがある。リベートはさまざまな形で行われ、例えば「商品を販売した数量に応じて一定の金額を返金する」、あるいは「特定の期間に販売した商品に対して割引を提供する」などがある。

これにより、小売事業者の店舗はより多くの商品を販売することができ、メーカーも自社商品の販売促進を図れるという構造になっている。
　販促予算、およびそこから支払われるリベートは、これまでメーカーと小売事業者の間での営業費用のようなものとして扱われてきた。リベートによって店舗の陳列棚の場所が変わったり、POPや動画が設置されたり、クーポンが配布されたりと、店舗での販売が強化される。しかし、その販促効果を小売事業者側で精緻に分析することが難しいという問題も多くあった。
　一方、メーカー側ではさまざまなシミュレーションを通して、配置される陳列棚の位置や高さによって売上が何億円単位で変動するかを認識している。しかし、メーカーがリベートを支払ったからといって、必ずしもよい位置が取れると確定するわけではない。小売事業者側の意思で決まったり、商談で棚への陳列が成立しても実際には陳列されなかったりする（実行率が低い店舗がある）のが実情だ。
　その点、リテールメディアであれば実際の購入につながったのかという効果測定が可能な広告メニューが多く存在している。今後メーカーが効果を可視化できるリテールメディアに販促予算を投資し、PDCAを回して最大化を狙えるようになれば、従来の戦略を切り替える可能性も高いだろう。そう考えれば、2028年頃には1.3兆円以上の市場に達していても不思議ではないのである。
　そして、これからはメーカーが、どのリテールメディアに広告を出稿するのかを選ぶ広告主の立場になる。小売事業者はメーカーに選ばれるメディアになる必要もあるのだが、リテールメディアは単純な「広告主とメディア」の関係だけではない、複雑で特殊な市場でもある。ユーザーの買い物体験を向上させることを起点に双方が歩み寄り、ブランドを共に育てていくことが重要であり、顧客接点とデータが持つ価値を最大限に引き出した活用をしてほしいと願っている。

1-2 リテールメディアが市場と消費者に与える影響

> リテールメディアの登場は、小売事業者やメーカー、そして消費者にどのような影響を与えるのだろうか？ リテールメディアの特徴を掘り下げながら、それぞれにもたらされる変化や気付き、メリットについて見ていきたい。

ターゲティングの精度がさらに向上。実店舗での購入も計測できる

　前節では、リテールメディアによって「デジタル広告をより高い精度で配信することが可能になる」と述べた。市場と消費者に与える影響を考えるうえで、まずは既存のデジタル広告と、リテールメディアを活用した広告の違いについて整理しておこう。

　従来、メーカーが自社商品をデジタル広告で宣伝する場合、Google、Yahoo!、YouTube、Instagram、X（旧Twitter）などのプラットフォームを広告媒体として利用することが一般的だった。配信時には商品の特性に合わせて仮説的な顧客像を描いたうえで、年齢、性別、地域などのデモグラフィック情報、興味・関心などのサイコグラフィック情報をもとにターゲティングを設定し、適切な広告クリエイティブ（テキストや画像）を制作する。そして、配信後の効果測定では、ECサイトであれば商品の購入数などを成果として計測できた。

　しかし、既存のデジタル広告では、ECサイトで購入したかどうかは計測できても、実店舗で購入まで至ったかどうかを分析することはできな

い。広告のリーチ数やクリック率といった指標を成果とみなし、消費者に商品が認知されたことをゴールとするしかなかった。

　一方、リテールメディアで広告を配信する場合、**Googleや各SNSを利用できるのは同じだが、ターゲティングの条件として小売事業者が保有する会員データや購買データと連携できる点が異なる**。そのため、広告主であるメーカーは今まで活用していた広告媒体を変えることなく、より精度の高いマーケティングが可能になる。

　そして何より、既存のデジタル広告とリテールメディアの最大の違いは、広告を見た消費者が店舗で実際に購入に至ったかどうかを計測できる点にある。小売事業者が持つ顧客データやID-POSデータを活用することで、**店舗で自社商品を購入した人、あるいは未購入の人、さらには競合商品を購入した人といった、Web上の行動履歴ではなく、リアル店舗での購買行動という「事実」に基づいたマーケティングが可能になる**のだ。

　既存のデジタル広告が顧客のペルソナという仮説、あるいはWeb上での行動に限定されたターゲティングを基本とするのに対し、リテールメディアは店舗における実際の購入データを活用できる。広告の精度に大きな差が出るのは明らかだろう。それだけではなく「施策後に購入した顧客が何ヵ月間、自社の商品を購買し続けたのか？」「リピーターとして定着したのか？」といった行動まで把握し、LTV[※1]の分析が可能になる点も魅力の1つといえる。

　ここまでは広告主（メーカー）にとってのメリットだが、リテールメディアは小売事業者にとっても、広告収益を得られるという大きな利点がある。実際、海外では数百億から数千億円、ECプラットフォームでは数兆円の広告売上を達成する企業も登場している。また、広告によって小売事業者の店舗への来店率が向上したり、宣伝した商品の店舗での売

※1　LTV：「Life Time Value」の略。一般に「顧客生涯価値」と訳される。顧客が自社の商品・サービスを長期間にわたって購入・利用する中で得られる利益を指す。

上が増えたりする効果も期待できるだろう。

　では、消費者にとってはどうだろうか？　広告は基本的には邪魔な存在であり、興味のない広告であればなおさらだ。その点、消費者自身のリアルでの購入履歴に基づいて配信されるリテールメディアの広告や商品のレコメンドは、**無関係な広告よりも好意的に受け入れてもらえる可能性が高い**。消費者の趣味・嗜好に合った商品の情報や、希望する商品を安く購入できるクーポンなどが取得できることで、広告に対する印象や価値も向上するはずだ。

　日本における伝統的な商売の考え方に「三方よし」があるが、リテールメディアは小売事業者、メーカー、消費者のそれぞれが満足する仕組みを実現するものといえるだろう。以降では、それがどのように実現されるのかを具体的に見ていく。

複数の顧客接点の特徴を理解し、統合的に活用することで成功に近づく

　リテールメディアが市場や消費者に与える影響を考えるうえでは、リテールメディアが提供する複数の顧客接点の特徴を理解することも重要だ。小売事業者やメーカーは、それらを統合的に提供・活用できる基盤を整えることで、消費者への効果的なリーチと広告効果の最大化が可能になる。

　ここでは、リテールメディアにおける代表的な顧客接点について1つずつ取り上げたい。具体的には以下の4つとなる。

＊デジタルサイネージ　　＊ECサイト
＊小売事業者のアプリ　　＊SNSなどの外部媒体との連携

デジタルサイネージ

　前節でも述べたように、日本ではデジタルサイネージを活用したメディア化が先行して進んだ。店内でスマートフォンを見ながら買い物をする消費者は少ないので、サイネージは店内での強制視認性が高いメディアだ【図1-2-1】。よって、コンテンツ次第では大きな効果が期待できる。

　しかし、広告主はサイネージの活用に消極的なことも多い。店舗という環境では、ほかのメディアと視聴態度が大きく異なるため、例えばテレビ広告と同じ映像をサイネージで流しても効果は出にくいからだ。詳しくは後述するが、小売事業者の協力を得ながらサイネージに適したコンテンツを開発するなどの工夫が重要になるだろう。

　なお、現在ではサイネージにAIカメラを設置することで、「何人が視聴したか」「何秒見ていたか」といった視聴率の計測が可能になってきている。過去のように「何人見たのかまったくわからない」という状況は、テクノロジーの進化によって解決されつつあるが、購買分析については依然として推定値に頼ることが多くなっている。

図1-2-1　デジタルサイネージの例

店舗入口

店内棚上

サイネージは店内での強制視認性が高く、コンテンツ次第で大きな効果が期待できる。

小売事業者のアプリ

　小売事業者のアプリについては、その小売事業者のチェーン店舗に頻繁に来店するロイヤルカスタマー[※2]ほどインストールする傾向が高い。**顧客の基本情報や購買データとも連携しているためデータの正確性が高く、買い物をするときに開かれる可能性が最も高いアプリとなるので、価値の高い顧客接点**といえる【図1-2-2】。

　ただし、アプリは店内にいるときに常に開かれているわけではなく、使用されるのは会計の直前だけであることが多い。デジタルサイネージに比べると、強制的に何かを視聴させる力は弱いだろう。

図1-2-2 **アプリのクーポン画面の例**

アプリは顧客接点として重要だが、どう起動してもらうかが鍵となる。

　また、アプリのユーザー数が数百万人に達していたとしても、1人あたりの利用頻度は1日に1回、あるいは月に数回程度だ。隙間時間に頻繁に見られるXやInstagramなどのSNSよりも、広告への接触回数は圧倒的に少なくなる。店内という空間に限っていえば頻繁に起動されるアプリだが、**どう起動させるのかを熟慮する必要がある。**

　加えて、アプリと一緒によく活用される施策にクーポンの配信があるが、クーポンに依存した施策には限界があることも認識すべきだ。海外の事例では、位置情報を活用して店内にいるときだけインストアモードに切り替える

※2　ロイヤルカスタマー：企業やブランドに信頼を寄せており、頻繁に来店する顧客を指す。

アプリも登場している。

なお、筆者のもとには「サイネージ広告とアプリ広告のどちらがよいか?」という質問がよく寄せられるが、海外では両方を連動させる施策が非常に効果が高いという事例がある。したがって、特性が異なるメディアを組み合わせた連動施策も検討すべきだろう。

ECサイト

ECサイトも、リテールメディアにおける顧客接点の1つだ。ただし、**小売事業者が運営するECサイトと、Amazonや楽天のような専業ECサイトを分けて考える**必要がある。

小売事業者のECサイトは、店舗に行けないコロナ禍において注目を集めてユーザーを獲得したが、現在では店舗に消費者が戻っている状況である。とはいえ、国内のEC利用率は総じて伸びているため、**小売事業者のECサイトもメディアとしての活用が進む**だろう。

日本では毎日、あるいは数日に一度、スーパーマーケットなどで生鮮食品を購入して自宅で調理するスタイルが当たり前のように定着しているが、実は、これは世界でもめずらしい食文化だ。米国では週末に冷凍食品をまとめ買いすることが多いし、アジア圏でも日本ほど頻繁に生鮮食品を購入する国は少ない。この食文化を踏まえると、生鮮食品のEC利用率が上がっていくことで、小売事業者のECサイトが新たな展開を迎えることになると予想できる。

Amazonや楽天のような専業ECサイトでは、Amazon広告が日米を問わず、顧客データや購買データと連動したさまざまな広告メニューを提供するリテールメディアの1つとして、大きなシェアを持っている。**日本を代表するEC企業である楽天も、多彩な広告プロダクトで小売事業者やメーカーのニーズに応えており、リテールメディアとして進化中**だ。詳しくは第2章第3節(P.86)の事例を参照してほしい。

なお、ほかにも国内のスーパーマーケットや百貨店のECサイトで、商品の検索結果ページに検索広告を導入するなどして収益を上げる事例が登場していることを付け加えておきたい。

SNSなどの外部媒体との連携

リテールメディアと聞いて多くの人が思い浮かべるのは、これまでに述べたデジタルサイネージや小売事業者のアプリだと思う。しかし、SNSやGoogle、Yahoo!といった**既存のデジタル広告と同じ媒体も、小売事業者のファーストパーティデータと連携して広告を配信できるという意味でリテールメディアの一部**といえる。本書ではこれらを「外部媒体」（外部メディア）と呼称している。

実際、外部媒体への配信は広告主からのニーズも高い。例えば、多くのユーザーが視聴するYouTubeの広告枠に、リアル店舗の会員データや購買データと連携した広告を配信できるメリットは大きいだろう。次節で触れるウォルマートでも、TikTokやSnapchatといった外部メディア企業と戦略的パートナーシップを結ぶなどの動きがある。

パーソナライズされた情報やコンテンツを消費者のメリットに

リテールメディアが持つ顧客接点の種類を見てきたが、これらと小売事業者が持つ顧客データや購買データを連携させることで、消費者の興味・関心に合わせた広告を配信することが可能になる。それらのファーストパーティデータが具体的に何を指すか、また、それらがどのように管理され、リテールメディアに活用されているのかという仕組みについても見ていこう。

小売事業者が持つファーストパーティデータとは、具体的には「会員登録情報」「サイト行動データ」「アプリ内データ」「購買データ（ID-POS）」「位置情報」などを指す。リテールメディアに取り組んでいる小売事業者では、これらのデータをCDP[※3]に蓄積し、消費者の購買行動を分析できるデータ基盤を構築している。もちろん、**データの収集にあたっては、消費者から許諾を得ることが大前提**だ。

　各種データをCDP上で統合して顧客行動を理解することで、適切なタイミングとメディアを通じてコミュニケーションが取れるようになる。**パーソナライズされた情報やコンテンツを届けることは、消費者にとってもメリットが大きい**。代表的な施策はクーポンの配信だが、それに留まらず、新しい施策へと発展させることもできる。

　その一例として、商品アンケートが挙げられる。小売事業者のアプリには、消費者にアンケートを行う機能を追加しているケースもあり、購買データという事実に基づいた回答の収集が可能だ。実際に商品を購入した人に対して、「購入した理由」や「商品の感想」「ブランドチェンジした理由」などを質問できる。

　これまでは多くの企業が調査会社に依頼してアンケートを行ってきたと思うが、特にWebサイト上のアンケートでは、報酬を目的に回答する人もいる。リテールメディアを活用し、実際に購入した商品や店舗などの事実データに基づいて消費者を選出して回答を依頼すれば、より精度の高い調査データを取得できる可能性がある。

　消費者の許諾のもとで収集したファーストパーティデータをCDPに蓄積し、リテールメディアで活用することで、**広告配信はもちろん、それ以外の施策でも具体的な事実データに基づいたパーソナライズが可能**になる。そして、そのパーソナライズされた情報やコンテンツを消費者のメリットにつなげていくことが、リテールメディアが今後進化してい

※3　CDP：「Customer Data Platform」の略。顧客の属性や行動履歴などのデータを収集・蓄積するためのデータ基盤のこと。

くうえで不可欠な要素となることは間違いないだろう。

　なお、自社でファーストパーティデータを収集する準備を進めるうえでの注意点については、第4章で解説している。

従来の広告ではわからなかった新しい気付きを企業にもたらす

　リテールメディアには、事実をベースとした広告を通じて、消費者とのコミュニケーションが行えるという利点があることを述べてきた。このメリットを踏まえて、日本国内における事例を1つ紹介したい。大手ドラッグストアによるID-POSを活用した施策となる。

　ジョンソン・エンド・ジョンソンでは、薬用マウスウォッシュ「リステリン」の販売促進を目的として、「マウスウォッシュの購入経験はないが、虫歯予防効果のあるガムやデンタルフロスを店舗で購入したことがある人」にマウスウォッシュを使うメリットを訴求した。広告のクリエイティブでは、殺菌力などの効果を具体的に示し、マウスウォッシュの選び方やリステリンの強みを伝えている。

　この施策では、口臭や虫歯予防への関心が高い層を「歯磨き効果のあるガムやデンタルフロスを店舗で購入した人」という事実に基づいてターゲティングし、その層に響くであろうクリエイティブで訴求した。結果、マウスウォッシュの商品カテゴリ全体の売上は施策前比102%、リステリンブランドの売上は同130%と大きく向上し、購入に結び付いたことが実証された。

　既存のデジタル広告では、「30代主婦層」や「40代サラリーマン層」といった仮説ベースでしかターゲットを絞れなかったうえ、広告がリアル店舗での購入に結び付いたかどうかを計測することは非常に難しかった。しかし、この事例が示すように、リテールメディアでは実際の購買

データに基づいたターゲティングを行っていることに加え、Web上では見つけにくい潜在層にまでアプローチすることを可能にし、さらには、店舗での購入に結び付いたかまでを計測できている。

　また、この事例のポイントとして、広告のクリエイティブも実際の購入データに基づいた、特定の消費者に対してダイレクトに届くものだったことも補足しておきたい。今回は類似商品の購入層を狙ったが、例えば「競合商品を含む同じカテゴリの商品を購入した人」にターゲティングし、自社ブランドの強みを訴求したクリエイティブでコミュニケーションを取ることも、リテールメディアであれば可能だ。

　このような事例を積み重ねてきたことで、筆者のもとにはリテールメディアの投資対効果に関する質問もよく寄せられる。その回答としては「効果として100％以上、場合によっては200～300％に達する事例もある一方で、100％に届かないケースも存在する」といったものになる。当然ながら、リテールメディアは魔法の杖ではなく、活用すれば必ず効果があるというわけではない。

　しかし、仮に投資対効果が100％に届かなかったとしても、それは既存のデジタル広告では実施・計測できなかった事実である。いわば「今までわからなかったことが、わかるようになったことで得られた気付き」であり、その事実をどう生かすかが、今後の広告主に求められるともいえるだろう。

　ほかの事例になるが、店舗での購入に結び付いたかどうかまでを計測したレポートを広告主に開示したとき、その場にいた全員が沈黙し、デジタル広告の指標を考え直す必要があるとの結論になったことがある。リテールメディアの登場によってデジタル広告は格段に進化したが、リアルでの事実が可視化されることで、不都合なことまで見えてくるケースもあると感じる。これまでの広告の常識を覆すような効果検証が可能なのが、リテールメディアなのである。

小売事業者は消費者が求める
コンテンツの「編集者」

　リテールメディアはメーカーにとって、小売事業者とのお付き合いで始める取り組みではなく、その逆でもない。両社が消費者の理解を深め、最適なタイミングで、最適な人に、最適な情報を届け、その結果から店舗とブランドを共に成長させるための取り組みであってほしいと筆者は願っている。

　そして、今リテールメディアに取り組んでいる企業、これから取り組みを考えている企業、それらの企業を支援するベンダーも、リテールメディアを活用した施策が本当に消費者のメリットになっているか、顧客体験を向上させる施策になっているかを、あらためて検討することが重要だと考えている。

　例えば、多くの店舗で見かけるデジタルサイネージは、その活用方法をあらためて検討すべきメディアだと筆者は考えている。多くの場合、サイネージにはテレビCMのような動画広告がそのまま流用されている。しかし、前述した通り、サイネージとテレビでは視聴態度が大きく異なり、**買い物中に15秒程度の動画広告を最初から最後まで見る消費者は非常に少ない。**

　店舗内のサイネージは、いわば「最も購入に近い場所にある広告媒体」である。そして、購入に近い場所にある情報には、消費者の行動を変える大きな力がある。みなさんも特定の商品を購入するつもりで店舗に行き、店舗内の情報に触れた結果、別の商品を購入した経験がないだろうか？ このような行動変容を起こす力を、サイネージに発揮させる方法を考えてみよう。

　筆者が検証したサイネージ広告では、「今週、30代男性に2,000個購入された商品です」「今月、乾燥肌に悩む30代女性に10,000個購入された

商品です」といった事実ベースのコンテンツを配信した。これらは旅行予約サイトなどで見かける「24時間以内に30人が予約しました」といったメッセージからヒントを得たものだ。

　このように商品の人気度を事実として伝えることで、消費者の行動変容を促せる可能性が高まる。また、サイネージのように視聴時間が短い店内メディアでは、動画のクリエイティブよりも静止画＋音声付きクリエイティブの効果が高くなる事例も多くある。

　さらに、サイネージに「アプリ会員だけ10％オフクーポン配布中」といったメッセージやQRコードを表示し、小売事業者のアプリの起動やインストールを促進する方法も有効だ。アプリが起動されるのは会計時が多いと述べたが、サイネージと組み合わせることで、会計時以外の店内でアプリを起動することの必然性を持たせられる。

　Webメディアや雑誌では、実際の商品を使ってみた結果をレビューしたり、ランキングにしたりするコンテンツが人気だ。消費者はこうした情報を参考に商品を購入しているが、本来、こうしたコンテンツは小売事業者が発信すべきものなのかもしれないと、筆者は考えている。消費者に役立つ情報と、買いたいと思った消費者にメリットのあるクーポンなどを、サイネージやアプリで発信するのだ。

　小売事業者は消費者との接点を数多く持っており、その地域における特性や、来店する消費者の期待をよく理解している存在である。よって、リテールメディアにおけるコンテンツの「編集者」として最も適しているのは、小売事業者自身であることは間違いないはずだ。

　もちろん、店内のサイネージで単にCMを流すことは悪いことではなく、ブランドを想起するきっかけにもなるだろう。ただ、小売事業者が編集者の視点でコンテンツを制作し、消費者にもメーカーにもメリットのある結果に結び付けていくといったインストアならではのコンテンツ制作が、今後の小売事業者や店内のメディアに求められていくだろう。

1-3 米国の最新事例と日本国内における代表的な課題

> 米国ではリテールメディアの活用がいち早く進んでおり、小売事業者とメーカーの間のデータ連携により、精度の高い広告配信を実現している。日本もそれに追従しているが、組織や現場で乗り越えるべき課題も存在している。

ECサイトとアプリの活用が定着。店舗のメディア化とOMOの実現が進む

　毎年1月にニューヨーク市で開催される「NRF RETAIL'S BIG SHOW」（NRF）は、National Retail Foundation（全米小売業協会）が主催する米国の小売業界で最大規模のイベントである。小売業界の最新情報を扱うセッションや展示会が3日間にわたって開催される。

　筆者は2023年に続いて2024年のNRFを訪れた際、リテールメディアの注目度が米国においてさらに高まっていることを実感した。2023年はイベント全体でリテールメディアに関連するセッションが1%程度に留まっていたが、2024年はAI関連のセッションに続いて2番目に多く、8%にまで増加していた。また、イベント開催の前日にはリテールメディアに関する講演が丸1日あり、関心の高まりが感じられた。

　米国では**小売事業者のアプリ内広告、およびECサイトでの検索広告などがリテールメディアの顧客接点としてすでに定着しており、その次のステップに進もうとしている**。特に2024年は、既存のデジタル施策とリアル店舗の連携・活用の話題が数多くあったように感じた。投資銀

行などのセッションでも、テレビへのリーチが難しくなってきた世界において、今後は物理空間のメディアが生き残るとともに、店舗内の値札や床・壁なども含め、あらゆる店舗内の顧客接点がメディアになっていくだろうとのコメントが出ていたのが印象的だった。

クローガーとウォルマートから始まった顧客データを広告配信に活用する取り組み

ここで、米国におけるリテールメディアについて、代表的な事例を振り返っておきたい。いち早くリテールメディアの取り組みを開始したのが、**大手スーパーマーケットチェーンであるクローガー（Kroger）とウォルマート（Walmart）**だ。

クローガーにおける先進的な事例としては、飲料コーナーの扉をデジタル化する「クーラースクリーン」の導入、オンラインとオフラインのデータを統合したセルフサービス広告プラットフォームの提供が挙げられる。さらに、店舗とオンラインの売上キャンペーンを分析するアトリビューション※1機能なども提供しており、広告売上は公開されていないものの、約1,500億円に上ると予測されている。

また、リテールメディアが機能することによって、デジタルでの買い物客からのエンゲージメントが13%増加しているとのコメントもある。**リテールメディアは直接的な広告売上だけではなく、ユーザー体験の向上にも一定の効果がある**ことが、クローガーの事例からも表れている。

一方のウォルマートは、米国全体の人口のうちの約7〜8割に及ぶ会員データを保有するといわれる。その膨大なデータから購買行動を分析することで、広告配信において精度が高く効果的なターゲティングを実

※1 アトリビューション：デジタル広告が成果を得るまでに、ユーザーが経由した複数のメディアの貢献度を計測すること。本来は「帰属」「帰因」といった意味。

現している。

　また、広告主向けに「Walmart Connect」という独自のプラットフォームを提供し、ウォルマートの顧客データに基づいてパーソナライズされた広告を提供できる。加えて、後述するトレードデスクと連携した「Walmart DSP」もリリースしており、広告主はウォルマートの膨大なファーストパーティデータを活用しながら、セルフ型での広告運用が可能になった。

　さらに、ウォルマートは広告事業の強化のため、いくつもの企業を買収している。そのうちの1社であるポリモルフ（Polymorph Labs）は、顧客の購買行動に合わせた広告表示や、広告による販売促進効果を測定するクラウドシステムを提供するシリコンバレーのベンチャー企業だ。

　ほかにも、ECモール事業を手がけるJet.comの買収や、スマートTVメーカーのVIZIO（ヴィジオ）を約23億ドルで買収したことは、海外で非常に話題になった。VIZIOは日本ではあまり馴染みのない企業だが、米国ではテレビ向けのOS市場で第2位の販売シェアを持ち、SmartCastというサービスからNetflixやAmazon Prime Videoなどのアプリを選んで視聴できる。また、約300近いテレビチャンネルと15,000以上のオンデマンドコンテンツを見ることができる。

　小売事業者であるウォルマートが、外部メディアと連携するだけではなく、スマートTVメーカーを直接買収することで、テレビ広告の視聴から購買まで分析することが可能になっている。今後、ウォルマートの広告事業がどのように成長していくのかは非常に楽しみである。

　なお、ウォルマートの広告売上は2023年の実績で約4,500億円に到達し、2023年11月〜2024年1月期（第4四半期）では、売上高が前年同期比で22%増加したとされており、米国のリテールメディア市場は年々大きく成長している。

トレードデスクが実現した
データ活用環境の整備と配信の効率化

　米国の事例としては、ウォルマートとの協業でも話題になった**世界最大規模のDSPを提供する企業である****トレードデスク（The Trade Desk）**にも注目したい。同社の取り組みはリテールメディアにおける新潮流とも呼べるもので、第2章第5節（P.110）でもアジア圏での事例を紹介している。

　DSPとは「Demand Side Platform」の略称であり、デジタル広告における広告主向けの配信プラットフォームを指す。広告主が自社の広告キャンペーンを管理し、ターゲットとなるオーディエンスに対して効果的に広告を配信するための仕組みだ。トレードデスクのDSPでは、小売事業者などが持つ会員データと連携し、メーカーなどの広告主がそのデータをサードパーティデータとして活用しながら広告を配信できる。

　例えば、広告主が管理画面にログインすると、米国の大手ドラッグストアチェーンであるウォルグリーン（Walgreens）の社名が表示される。広告主はウォルグリーンの購買データや会員データを管理画面上で指定し、広告配信のターゲットデータとして活用することが可能だ。

　一方、広告主がウォルグリーンの会員データを使用して広告配信を実施すると、その配信数量に応じて、ウォルグリーンにデータ活用の収益が分配される。仮に1ユーザーIDあたり2円に設定されていたとすると、メーカーが20万人に広告を配信することで、ウォルグリーンは40万円の収益を受け取ることができる。

　小売事業者にとって、トレードデスクのDSPと連携することで自社が保有するデータを収益化できるメリットは大きい。さらに、広告主に会員データを直接提供するわけではないため、個人情報保護の問題やデータの価値も守ることができる。

　当然、メーカーにとっても、小売事業者が持つ購買データに基づいて

広告を配信できるため、精度の高いマーケティングが可能になるというメリットがある。また、広告主は精度の高いデータを活用し、セルフサービス型として運用していくことができる。

さらに、「データクリーンルーム」を活用した小売事業者とメーカー（広告主）のデータ連携も始まっている。データクリーンルームとは、企業が保有する顧客データなどをプライバシーが保護された環境でやりとりするための仕組みを指す。前述したクローガーもデータクリーンルームを持ち、メーカーなどの広告主のデータと連携し、パーソナライズ広告の精度を上げる取り組みを進めている。

このような米国の状況とは対照的に、日本においては小売事業者がメーカーの広告配信時に自社の会員データを連携することも、その逆もないのが現状である。小売事業者がID-POSデータを提供することはあるが、広告識別子と呼ばれるIDや、メールアドレスなどの個人を特定できるデータが除かれているため、購入の分析には利用できても、パーソナライズされた広告配信などの施策に生かすことはできない。

しかし、日本の小売事業者も少しずつ変化しており、このような取り組みに対して関心を持ち始めている企業も多いと予想している。「データをお互いに渡せない」というハードルを、データクリーンルームのような環境で匿名化し、両社が効果的に活用することで、よりパーソナライズされたコミュニケーションが可能となる。このような仕組み自体もリテールメディアの一環といえるだろう。

日本特有の縦割り組織がリテールメディア活用の妨げに？

前節でも見てきたように、リテールメディアは小売事業者にとっても広告主にとっても、さらには消費者にとっても、さまざまなメリットを

もたらす取り組みだと筆者は確信している。しかし同時に、日本におけるリテールメディアをさらに前進させるためには、解決すべき課題が多数存在していることも認識している。

その1つが、小売事業者側にもメーカー側にも存在する「組織」の課題だ。日本企業では、いわゆる縦割り組織が一般的であり、他部門との連携が難しい状況にある。

比較のための例として、クローガーのリテールメディアにおけるデータの流れを見てほしい【図1-3-1】。右側に示されている顧客との接点は、オウンドメディア（ECサイト）、アプリ、インストアメディア（サイネージなど）のほか、テレビや外部メディアなど多岐にわたる。そして、中央で示しているCRM[※2]（顧客管理基盤）を活用し、広告主が複数の顧客接点を統合した最適な広告配信ができる仕組みを構築している。これにより、顧客接点ごとの部分最適ではなく、マーケティング施策全体の最適化が可能になる。

図1-3-1 クローガーのリテールメディアにおけるデータの流れ

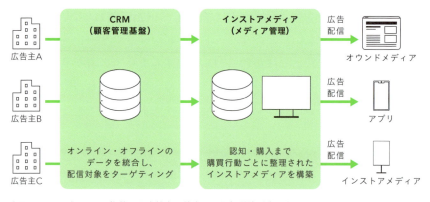

米国のクローガーでは、複数の顧客接点を統合した配信環境が実現されている。

※2 　CRM：「Customer Relationship Management」の略。顧客データを管理するためのシステムやツールを指す。

一方、日本企業では、**それぞれの顧客接点が別々の部署で運用されているケースが多い**。店舗には店舗の、ECサイトにはECサイトの、SNSにはSNSの担当者がおり、アプリの運用はまた違う部署が担当している……といった状況が一般的だ。

さらに、顧客接点ごとに異なるベンダーや支援業者が対応しているケースも多い。デジタルサイネージやアプリ、ECサイト、SNS、データを活用した広告配信など、それぞれに別々のベンダーが関係しているため、異なるメディアと連携した施策を行うことは非常に困難になる。そのため、クローガーのようにデータやCRMを起点とし、顧客接点を横断的に統合して活用することは難しい。

ただ、国内でも例外的な存在もあり、全国に数千店舗を構える大手チェーンストアにも関わらず、さまざまなデータや顧客接点を統合し、メディアを横断的に活用できるようになっているケースもある。この企業では経営層の意思決定によって、すべての顧客接点を横断したリテールメディアの構築が進んでいる。企業名の公表は控えるが、組織体制やスピード感のあるさまざまな取り組みには敬服するばかりだ。

前述した米国のイベント（NRF）でも、小売事業者の経営層やトップが自ら登壇し、自社のリテールメディア戦略について語っている場面が多くあった。やはり**経営層が自ら戦略の中心に立ち、戦略を語ることは非常に重要**だと感じた。

また、日本の組織では部署異動が頻繁に行われるが、リテールメディアという新しい概念を中長期的に成長させていくうえでハードルとなるケースもある。筆者が支援させていただいた企業でも、リテールメディアを牽引していた担当の方が別の部署に異動し、進めていた施策が振り出しに戻るような事態を度々経験した。新しい担当の方にはこれまでの進捗や戦略をあらためて説明しながら進めることになるので、関連する部署全体で大きく遅れが生じてしまう。

日本企業では「DXが進まない」と嘆かれがちだが、その問題と同様

に、リテールメディアもさまざまな部署との連携が必要になる事業であると経営層が理解し、組織を横断したリテールメディアの構築ができる体制を整えることが必要だと感じる。

新商品を売りたいメーカーと、配荷率のハードルを設ける小売事業者

　日本国内においてリテールメディアの円滑化を阻む壁は、現場にも存在する。そのよくある例の1つとして、**リテールメディアを活用して特定の商品を販売したいメーカー**(広告主)**と、小売事業者が売りたい商品のズレから生じる「配荷率」の問題**が挙げられる。

　配荷率とは、ある小売事業者において、特定の商品がどの程度の店舗で販売されているかという割合を表す指標である。例えば、自社のチェーン店舗が全国に500カ所あり、あるメーカーのシャンプーが100店舗で販売されている場合、配荷率は100÷500=「20%」となる。定番となっている商品であるほど配荷率は高くなり、新商品などは配荷率が低くなっている場合がある。

　メーカーからすると、新商品の発売時にはテレビCMなどのマス広告を展開し、より多くのマーケティング予算を投入したいと考える。同時に、リテールメディアを活用して小売事業者のアプリ内や外部メディアに広告を配信したいとも考えるだろう。

　しかし、小売事業者としては、配荷率が低い商品の広告を積極的に行わないことが一般的だ。当然のことながら、**広告を配信しているのに店舗に商品がなければ、消費者から「広告で見た商品が売っていない」という問い合わせが発生する**可能性があるからだ。これでは店舗や商品に期待している消費者の満足度が低下する恐れがあるため、広告配信に対して慎重になるのも理解できる。

このような問題の対策として、商品が陳列されている店舗を実際に利用している消費者のみに、広告を配信するといったことも考えられる。しかし、その消費者が利用する店舗が1店舗とは限らず、商品在庫がないほかの店舗に行ってしまう可能性は残ってしまう。この場合、デジタルサイネージを活用するケースも多くあり、店舗ごとに配信するコンテンツを管理できるため、商品の配荷がある店舗だけに広告を表示することで対策が可能だ。

　ほかにも、広告のクリエイティブに小売事業者のロゴを掲載しないことで、商品が店舗にないという問い合わせを防止することはできる。いずれにしても、メーカーと小売事業者によるコミュニケーションと歩み寄りによって解決していくのが適切だろう。

メーカー側で予算を持つのは マーケティング部門か営業部門か？

　これも代表的な例の1つになるが、すでに取り組みを始めている現場では「リテールメディアは販促なのか？ 広告なのか？」という議論もある。こうした議論はメーカー側での予算の出所に関係しており、**リテールメディアに投下する費用をマーケティング部門の宣伝費とするのか、小売事業者を担当する営業部門の販促費とするのかを決めきれていないケースが数多くある。**

　一般的に、デジタル広告の費用を持つのはマーケティング部門であることが多く、営業部門の販促費用と比較すると予算が大きく確保されていることが多い。一方、商品の仕入れなどで小売事業者との交渉が多いのは営業部門であり、小売事業者との協業によって行う施策であれば販促費で賄うべきだ、という意見もある。結果、議論が平行線をたどり、予算化できない事態に陥ることがある。

しかし、今ではリテールメディアの活用が進んでいる海外でも、数年前にはこうした議論が常々されており、ようやく日本でも同じ議論が出てきたという意味で、歓迎すべきことなのかもしれない。こうした縦割り組織に割り振られた予算の問題は、海外のブランドでもマーケティング部門と営業部門の予算統合が行われた事例などもあり、顧客の購買データを活用し、購入に近い場所で広告を出稿できるリテールメディアが、マーケティング施策全体の1つとして認識され始めたということだろう。

　実際、シンガポールで開催されていたカンファレンスに筆者が参加した際にも、大手飲料メーカーによるリテールメディアに関するセッションにおいて、全体のマーケティングファネルの中で、どのファネルでどのリテールメディアの広告メニューを活用すれば効果的なのかがまとめられており、非常に参考になる内容であった。

　このような課題は、前述した組織の課題と密接に関連している。リテールメディアの広告メニューが、デジタル広告と同じように活用できる土台が構築されていくことは大前提ではあるが、小売事業者とメーカー両社の経営層がリテールメディアという新しいメディアを理解することで、デジタル広告と販促の境界線がなくなっていく日がやってくるだろう。

▶ **特別寄稿**　**杉原 剛**　アタラ株式会社 代表取締役CEO

リテールメディア台頭の背景にある
サードパーティCookieの存亡

> デジタルマーケティングやデータ活用のインハウス化を支援するアタラ株式会社のCEO・杉原剛氏は、日本におけるデジタル広告の黎明期から第一線で活躍し続け、リテールメディアにも造詣の深い人物だ。筆者の相談相手として豊富な知見をお借りすることも多い同氏より、昨今話題となるサードパーティCookieを取り巻く情勢や、リテールメディアの可能性について寄稿いただいた。

▶ Cookieありきで発展してきたデジタル広告

　第1章では、稲森氏による解説で「サードパーティCookieの規制」について触れてきた。そこで本稿では、Cookieがデジタル広告で活用されてきた経緯、グローバルで規制されるようになった理由、そしてAppleやGoogleの具体的な動きについて振り返りながら、リテールメディアに与える影響について掘り下げていきたい。

　Cookieは、もともとはWebサイトにおけるログイン情報の保持など、ユーザーの利便性を向上させるために開発された仕組みだった。しかし、インターネットを使った情報収集や物品の購入、SNSの利用などが数多くの人々に広まり、そのデータがCookieに蓄積されていくにつれ、デジタル広告の配信にも活用されるようになった。

　その理由は、**ユーザーのブラウザーに保存されたCookieを読み取ることで、その人の性別や年齢、居住地といった属性情報だけでなく、ネット上での行動履歴から興味・関心を推測し、広告のターゲティングに利用できる**からだ。Cookieには、自社のWebサイトで発行してそのWebサイト内で利用されるファーストパーティCookieと、ほかのWebサイトまで横断して利用されるサードパーティCookieがあるが、

後者を利用することで、次のような高度な広告配信が可能になる。

＊**インタレストベース広告**
ユーザーの行動履歴から興味・関心を推定し、その人にとって関連性が高い広告を表示する。自社商品に関心がありそうな人に対して幅広く配信して、効率的に認知を広げることができる。

＊**リターゲティング広告**
自社のWebサイトを訪問したことのあるユーザーに対して、ほかのサイトを閲覧しているときにも自社商品の広告を表示する。すでに自社に関心のある人に広告を配信するため、パフォーマンスが高くなりやすい。

デジタル広告では、ターゲティングだけでなく配信後の効果測定にも、サードパーティCookieが利用されている。広告のクリックや遷移先でのコンバージョンを追跡することで、その広告がどの程度、売上の増加や認知の獲得に貢献したかを計測できる。

これまでの広告業界において、サードパーティCookieはなくてはならないものだった。Cookieを活用せずに広告配信を行うことは、例えるなら「GPSも無線も魚探（魚群探知機）もない状態で、大海原に釣りをしに行くようなもの」といえる状況だったのだ。

▶ プライバシー保護の観点から規制が本格化

デジタル広告で便利に活用されてきたサードパーティCookieだが、その普及とともに、ユーザーの過度な追跡や、興味・関心データと個人情報を紐付けることによるプライバシーの侵害が問題視されるようになった。そして、プライバシーの保護を推進する目的で、世界中の国々が法整備に乗り出すと共に、AppleやGoogleをはじめとしたプラット

フォーム企業による自主規制が始まった。

サードパーティCookieの規制を目的とした法規制としては、次の2つが特によく知られている。

＊ GDPR（EU一般データ保護規則）
2018年に欧州で施行されたGDPRは、Cookieをはじめとしたオンライン識別子を個人データの1つとして厳格に管理するよう規定を設けている。Cookieから情報を取得する際にはユーザーから同意を得ることが強く求められ、取得目的などの諸条件の開示が必須となった。

＊ CCPA（カリフォルニア州消費者プライバシー法）
2020年に米国のカリフォルニア州で施行されたCCPAも、GDPRと同様にCookieを法令の適用範囲としており、個人が企業に対してデータの情報開示や削除を請求できるよう規定が設けられている。

こうした各国の対応に後押しされるような形で、**日本でも2022年4月から施行された改正個人情報保護法で、新たに「個人関連情報」と呼ばれる枠組みが創設**された。これには、次のようなことが定められている。

＊ 個人識別情報の取り扱い
Cookieを通じて収集される情報が個人識別情報（氏名、住所、電話番号、生年月日、マイナンバーなど）に該当する場合、個人情報保護法の規制対象となる。これには、特定の個人を識別できる情報が含まれる場合が該当する。

＊ 利用目的の通知および公表
Cookieを使用して個人情報を収集する場合、その利用目的をユーザーに通知するか、公表する必要がある。

＊ 第三者提供の制限
Cookieを使用して収集した個人情報を第三者に提供する場合は、原

則として本人の同意が必要となる。ただし、法令に基づく場合や緊急の場合など、一部の例外がある。

▶ いち早くCookie廃止に動いたApple

一方、長年にわたってユーザーのプライバシー保護に注力してきたAppleは、2017年より「Intelligent Tracking Prevention」（ITP）というトラッキング防止技術を、同社のブラウザー「Safari」に対して適用した。当初はサードパーティCookieを一定期間で無効化・削除するだけだったが、アップデートを重ねることで厳格化され、**現在ではサードパーティCookieは完全にブロックされ、ファーストパーティCookieも制限の対象**となっている。

このITPに関するよくある勘違いに、「iPhoneやiPadのSafariのみに適用される」というものがある。正確には、iOSやiPadOSでブラウザーを開発するときに必要な「WebKit」というエンジンに組み込まれているため、「Chrome」や「Firefox」のアプリにも適用される。つまり、iPhoneやiPadのブラウザーは、すべてにおいてサードパーティCookieがすでに利用不可となっているのが現状だ。

また、Appleでは「App Tracking Transparency」（ATT）という、プライバシー保護のための新たなフレームワークも導入されている。これにより、アプリがユーザーのデータを収集してほかの企業と共有するときには、ユーザーから事前に許可を得ることが義務付けられる。具体的には、**iPhoneでのアプリの初回起動時などに「トラッキングの許可」をユーザー自身にタップさせて許可を得る仕組み**で、そのような画面に見覚えのある人も多いだろう。

▶ Cookie廃止の撤回に踏み切ったGoogle

　グローバルな法規制やAppleの動き、さらには世論に後押しされる形で、2019年からGoogleもサードパーティCookieを廃止する方向で動き出す。その過程では「**プライバシーサンドボックス**」と呼ばれる新技術が検証されてきた。これは**ユーザーのプライバシーを保護しながら、広告主が効果的な広告配信を行うための仕組み**だ。

　従来のデジタル広告では、広告配信事業者のサーバー上でユーザーの属性や行動履歴を分析し、ターゲティングなどに活用していた。一方、プライバシーサンドボックスではChrome内でユーザーの興味・関心の対象を計算し、広告配信事業者には計算結果だけを伝えることで、プライバシーの保護を実現する。Googleはブラウザーのデータを取得するための各種APIを公開し、DSPやSSPなど、アドテクノロジーを提供する企業が実装を進めているところだった。

　しかし、プライバシーサンドボックスの開発はスケジュール通りに進まず、Googleはサードパーティ Cookie廃止の延期を繰り返すことになる。それでも2024年4月、3度目の延期を発表したときには、2024年中にChromeにおけるサードパーティCookieを完全に廃止し、プライバシーサンドボックスを正式に公開することを宣言していた。

　ところが、2024年7月、Googleは多くの業界関係者を驚かせることになる。**Chromeのサードパーティ Cookie廃止を撤回し、ユーザーが選択できる新しいアプローチを提案する**と電撃発表したのである。

▶ それでもCookie廃止の動きは変わらない

　Googleによる「サードパーティCookie廃止の撤回」の発表を受け、

一部の広告主やメディアでは、これまで通りサードパーティCookieを活用した広告配信ができると安堵する向きがあった。しかし、だからといって、**サードパーティCookieをこれまで通り広告配信などに活用できるかというと、そうはならないだろう。**

　Googleは発表の中で「ユーザーが選択できる新しいアプローチを提案」するとしている。本稿執筆時点では具体的に明かされていないが、次の3つの可能性があると推測している。

1. サードパーティCookieは初期設定の時点でオフ。ユーザーの判断でオンにできる。
2. Chromeをインストールする際、あるいは初回起動時、アップデート時などに、サードパーティCookieをオンにするかどうかの選択をユーザーに求める。
3. ChromeがサードパーティCookieを検知した際に、ブロックをするかしないかの同意をユーザーに求める。

　上記の1～2は、前述したAppleのATTに似たアプローチと表現できるが、ATTによってユーザーがトラッキングを許可する割合は2～3割といわれている。つまり、GoogleがATTと同様の仕組みを取り入れたとすれば、**ほとんどのChromeユーザーにおいてサードパーティCookieが制限された状態になる**ということだ。

　2024年7月のGoogleの発表は、サードパーティCookieの「存続」を意味するものではない。**サードパーティCookie廃止という既定路線は実質的に変わらず、それを実施する主体がGoogleからユーザーへと移った**、と捉えるのが正しい。

▶ Cookie廃止による広告への影響は大きい

　SafariをはじめとしたiOSで動作するブラウザーでは、すでにCookieが制限されていることから、デジタル広告への影響が出ている。特に日本では、スマートフォンにおけるiOSのシェアが6割と高い。Googleがサードパーティ Cookie廃止に取り組む以前から、**大半のスマートフォンユーザーに対してCookieを活用した広告配信ができていない**のである【図1-4-1】。広告が狙ったターゲットに届かないだけでなく、コンバージョンの計測にも欠損が生じている。

　ATTと似たアプローチをGoogleも採用するとなると、影響はさらに拡大する。さらに、Microsoftのブラウザー「Edge」でも、サードパーティ Cookieを廃止する方向に動いている。現状、デスクトップのSafariとFirefoxのシェアは約1割のため影響は限定的だが、**ChromeとEdgeの動向次第では、PCユーザーの約9割に影響が出る**ことになる。

図1-4-1　日本のデスクトップブラウザーとモバイルOSのシェア

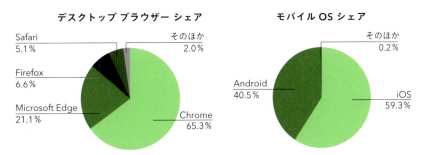

※出典：左図「Statcounter Global Stats | Desktop Browser Market Share Japan Aug 2023 - Aug 2024」
　　　右図「Statcounter Global Stats | Mobile Operating System Market Share Japan Aug 2023 - Aug 2024」

iOSのシェアが6割の日本では、特にモバイルデバイスがCookie規制の影響をすでに受けている。

▶ リテールメディアがもたらす3つの利点

　サードパーティCookieが実質的に使えなくなることで、従来の広告配信手法では効果が著しく低下することが懸念される。その問題の有効な解決策の1つとして期待されているのが、本書のテーマであるリテールメディアということになる。

　リテールメディアでは、小売事業者が保有する会員情報や購入履歴のほか、Webサイトやアプリ、店舗での行動履歴など、豊富で優良なデータを広告配信に活用できる。広告の配信先としては、小売事業者が持つECサイトやアプリ、サイネージはもちろん、Google広告やMeta広告など、外部メディアにも対応している。

　リテールメディアの利点は、主に3つあると考えている。1つ目は、**精度の高い顧客情報と顧客IDに紐付くPOSデータを持っており、これらを掛け合わせたターゲティングができる**点である。データの品質が高く、量も豊富なので、類似オーディエンスの作成などにおいても有効なターゲティングが可能だ。

　特にリテールメディアと相性がよいのは、小売店で購入されることが多い食品や飲料、日用品である。購入履歴を見れば、その顧客がリピート買いしている洗剤のブランドなどがすぐにわかるため、広告のターゲティングもしやすい。Cookieの場合は複数サイトを横断して分析するなどの工夫が必要であったのに対し、リテールメディアは非常にシンプルにターゲティングのためのセグメントを作成できる。

　2つ目は「**クローズドループ測定**」ができる点だ。これは顧客IDに紐付けて広告を配信したあと、実際に購入につながったかどうかを測定し、最適化を繰り返すことを指す。リテールメディアであれば、LTVについても計測し、広告の最適化に活用できる。

　これまでのアドテクノロジーでは、オンラインで広告を配信した結果、

その人が実店舗で購入したかどうかまでは追跡できず、クリック率などで最適化してきた。しかし、リテールメディアでは実店舗での購入、さらにはリピート購入まで追跡でき、その結果を踏まえて広告配信を最適化できるため、高い効果が期待できる【図1-4-2】。

図1-4-2 クローズドループ測定の流れ

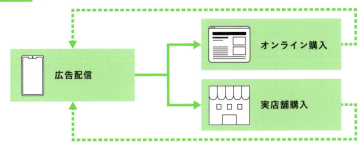

属性情報や購入・行動履歴を精緻なターゲティングに活用できる。

　3つ目は、**広告の配信先が小売事業者のメディアに限定されるため、信頼性の低いサイトに表示されることを避けられる**点だ。また、リテールメディアの広告主は、小売事業者が扱っている信頼の置けるメーカーに限られるため、自社の広告がいかがわしい詐欺広告などと並んで表示されることもない。広告配信によるブランド毀損がないことは、広告主にとって安心できる重要な要素だ。

▶ リテールメディアはCookieレス時代の救世主

　今後、サードパーティCookieの廃止が進んでいく中で、Google、Meta、Amazonといった大量のファーストパーティデータを持つ企業は、広告において大きな影響力を持つようになる。こうした特定の企業やプラットフォームに閉じられた環境は「ウォールド・ガーデン」と呼ばれる。

その一方で、**リテールメディアの台頭により、新しい勢力として多数の小売事業者が広告市場に加わってくる**ことになるだろう。豊富で優良なファーストパーティデータを持つ小売事業者による、いわば「ミニ・ウォールド・ガーデン」が次々に誕生し、それぞれが存在感を発揮する時代がやってくる。

　2024年7月のGoogleの発表は広告業界を大いに戸惑わせたが、私たちが認識すべきことは、結局のところ何も変わっていない。サードパーティCookieが実質的に使えなくなることで、広告のアドレッサビリティが著しく低下する中、小売事業者が保有するファーストパーティデータは非常に強い影響力を持つ。来るべきCookieレス時代の問題を解決するリテールメディアは、まさに救世主なのだ。

第2章

あらゆる顧客接点がメディア化する
──小売事業者の先進事例

国内を代表する小売事業者による、
店舗やアプリ、ECサイトを活用した
リテールメディアの事例を紹介します。
また、小売事業者を支援する企業による
アジア圏での事例も見ていきます。

2-1 ツルハホールディングス

小橋義浩氏（執行役員 グループ経営戦略本部長 兼 情報システム本部長）
大崎洋平氏（グループ経営戦略本部 経営企画部 DX企画グループ）
福井一行氏（株式会社ツルハ 執行役員 商品本部 本部長）

店舗、アプリ、サイネージで先駆的な取り組みを続ける

北海道に本社を置く株式会社ツルハホールディングスは、「ツルハドラッグ」「くすりの福太郎」「杏林堂薬局」などを展開している。先駆的な取り組みについて、ツルハホールディングスの小橋氏、大崎氏、株式会社ツルハの福井氏にお話を伺った。

リテールメディアで小売事業者は情報発信の地域インフラになれる

　ツルハホールディングスでは、M&Aによる事業拡大と並行してDX戦略を推進し、グループ各社でのアプリの開発や機能拡充、CDPの構築などに取り組んできた。こうしたツルハグループにおけるDXを推進し、リテールメディアの取り組みも強力に推進してきた人物が、グループの執行役員を務める小橋氏だ。

　同社がリテールメディアの取り組みを開始したのは、2019年にまでさかのぼる。実は筆者は、その2年前からツルハグループ内のさまざまな部署にアプローチし、取り組みを一緒に行わないかと掛け合ってきた。当時は何の実績もなかった筆者の提案を聞き入れ、ツルハグループ内での交渉や根回しを次々に進めてくれた小橋氏の決断力・行動力には、いまだに敬服しきりである。

　一方で、小橋氏がリテールメディアへの取り組みを決めたことには、「**ドラッグストアチェーンを取り巻く環境の変化**」という大きな理由があったそうだ。ドラッグストアでは古くから、多くの店舗を出店したうえでテレビCMを放送し、新聞の折込チラシを近隣に配布していけば、

顧客が来店して商品が売れるという構造があった。結果、日本全国に数多くのドラッグストアが新規出店することになった。

しかし、その構造は年々変化してきている。テレビCMや新聞の折込チラシといったマス広告が、以前ほど機能しなくなってきたためだ。その原因は、多くの人がスマートフォンを持ち、SNSを日常的に使うようになったことで、顧客との接点がテレビや新聞からインターネットへと移ったからだろう。

また、**顧客個人の属性や嗜好に合わせたパーソナルな情報が求められるように**なり、自分が好きなものの情報しか見なくなる傾向が強まった【図2-1-1】。「顧客との接点や、顧客個人の嗜好に合わせた情報を発信しないと、私たちのメッセージが顧客に届かないという課題があった」と小橋氏は振り返る。

図2-1-1 顧客との接点や顧客個人の嗜好の変化

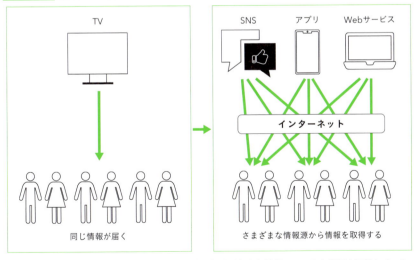

以前はマス広告で同じ情報を届けていたが、現在は個人が好きな情報ソースから情報を取得している。

こうした課題に対して、店舗やアプリを通して顧客の来店頻度や購買情報をもとにパーソナライズされた情報を届けられるリテールメディアは「小売事業者が情報の発信基地になり、買い物体験の向上につながる大きな可能性を感じた」と小橋氏は語る。ウォルマートやクローガーといった米国の先進事例を知ることでも、その期待が高まったそうだ。

　また、その期待の背景には、2011年に起きた東日本大震災の経験もあったという。ツルハグループの一部店舗でも被害があったが、営業を再開するとすぐに人々が集まり、必要な物資を調達していく様子を目の当たりにした。「私たちの店舗には、**商品を売るだけでなく、地域インフラとしての役割もあると再認識**した」と小橋氏は話す。

「店舗が地域インフラの役割を果たすには、地域に根ざした活動をしていかなければいけません。その思いに**"小売事業者が情報の発信基地になる"というリテールメディアの可能性が結び付いた**のです。現時点では商品を軸とした情報発信が中心ではありますが、これからは行政などの公共情報や災害情報、あるいは他業種、例えば病院や自動車整備サービスなどの情報も発信できれば、地域インフラとしての存在価値が高まるのではないかと考えています」(小橋氏)

　一方、ツルハの商品本部長を務める福井氏は、ドラッグストアチェーンを取り巻く環境の変化として、**商品の多様化と高付加価値化**という点も指摘する。近年では同じ衣料用洗剤というカテゴリでも、商品によって「香り」や「除菌」といったメーカーがアピールする機能が差別化されており、小売事業者としても、それぞれの価値を正確に訴求していかなければならない。

　また、同じ商品を扱う小売事業者としてディスカウントストアが台頭し、価格での勝負が難しくなった。ツルハグループのように接客を重視した店舗では、価格以外のサービスを付加価値として提供すると共に、その価値をそれぞれの顧客に向けて最適な情報を発信する必要がある。買い物ができるだけでなく、接客やカウンセリングが受けられ、さらに

情報の発信基地となる店舗は、その1つの理想型といえるだろう。

「ツルハグループには、ツルハドラッグだけで全国に約1,500店舗、ほかのチェーンも含めれば約2,500店舗のネットワークがあります。それだけ多くのお客様が来店するため、店頭での情報発信はメディアとして大きな価値があります。"ツルハのお店に行くと役に立つ情報が得られる"と感じていただけるような存在になることは、非常に重要な戦略の1つであると認識しています」（福井氏）

社内の不安を払拭しつつ、新たな組織作りと戦略の策定を進める

　リテールメディアに取り組むことになった当初、ツルハホールディングスとしてデジタル広告を出稿することについて、社内から懸念の声も少なくなかったという。例えば、次のようなケースではクレームに発展しかねず、いずれももっともな懸念である。

＊近くに店舗がない地域の人にも広告が表示されてしまう。
＊広告で宣伝した商品が、近隣の店舗にはない可能性がある。
＊ターゲティングに利用する購買データが漏えいするかもしれない。

　小橋氏は社内のこうした不安を払拭できるよう、リテールメディアの仕組みを説明しながら、理解を深めてもらうよう働きかけた。また、最初はとにかく小さくスタートし、広告のテスト配信も行って、実績を作ることを進めていった。

　デジタル広告といえば、多くの企業ではマーケティング部門の管轄となるが、当時のツルハホールディングスには該当する部署が存在しなかった。そのため、小橋氏は社内にマーケティング部の必要性を訴え、子会社の株式会社ツルハグループマーチャンダイジング内に新しく組織

を作ることも進めたという。

　現在では、マーケティング部とツルハホールディングスのグループ経営戦略本部 経営企画部 DX企画グループの大崎氏が協力し、広告運用の実務はマーケティング部が中心となり、担う体制となっている。マーケティング部はグループ横断の組織として各社の商品部やさまざまな部署と協力しながら、リテールメディアに関わる日々の業務を行っている。

　こうした動きと並行して、福井氏のリーダーシップのもと、ツルハドラッグの商品本部でもリテールメディアの新たな戦略が動き始めた。商品本部はさらに商品部と営業推進部に分かれ、仕入れる商品を決定するのが商品部、仕入れた商品の販促企画の立案・実施を担うのが営業推進部となっている。

　中でも、商品部の「バイヤー」と呼ばれる人々はメーカーと直接、さまざまな交渉をする立場にある。季節に応じたプロモーションのほか、棚に並べる商品やクーポンの設計など、消費者に最適な情報を届ける手段として、リテールメディアの活用を提案している。

「ツルハドラッグの店舗における広告や販促手段として、リテールメディアを活用したサイネージやアプリが加わることで、メーカーのみなさんとブランドを一緒に育てる手段が増えました。メーカー様が販売を強化したい商品があれば、棚作りやチラシといった従来の手法だけでなく、サイネージやアプリを掛け合わせた複合的な発信を提案・実施することが可能です。それにより、今まで以上に購買行動を促進でき、さらには購買計測まで可能なので、最適なPDCAを回していくことができると考えています」(福井氏)

　例えば、大手のメーカーであれば、新商品の発売時にテレビCMを開始するのに加え、ツルハグループが持つ購買データを起点したデジタル広告（GoogleやSNS）の配信、店舗やアプリなどの顧客接点をフル活用した情報発信を行えば、購買に近い場所での認知の獲得や、効率的な広告販促が可能になります【図2-1-2】。

図2-1-2 顧客接点をフル活用して情報を発信

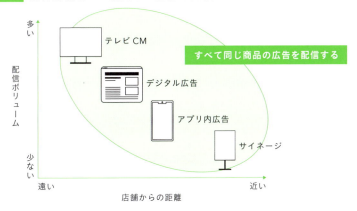

テレビCMから店舗のサイネージまで、同じ情報を複合的に発信することで購買行動を促す。

アプリは1,000万ダウンロード目前。顧客との接点の核として成長中

　ツルハホールディングスのリテールメディアにおいて、その核を担うほど重要になっているのがスマートフォンアプリだ。「ツルハドラッグ」アプリのダウンロード数は2024年5月現在で940万件であり、1,000万ダウンロードが目前に迫っている**【図2-1-3】**。

　同アプリをリリースしたのは2019年11月で、当時は社内でも「それほどダウンロード数は伸びないのではないか」という声も多かったという。しかし、店舗での声掛けを積極的に行うなど、社を挙げて活動を続けた結果、ここまでの急成長を遂げることができた。

　アプリは顧客とのデジタル接点の入口となるもので、会員IDと紐付いたPOSデータだけでなく、支払い時の決済方法やクーポンの利用、キャンペーンへの参加などのデータも蓄積される。これらのデータに基づいて、購買傾向や好みなどから顧客をクラスタリングすることで、パーソナライズしたコミュニケーションのために利用されている。

基本的には、その顧客のグループにとって興味がありそうなことを中心に広告を配信するが、時にはあえて興味のなさそうな広告も配信することで、反応を検証しているとのことだ。さらに、位置情報や店舗外のデータを活用して広告を配信することもある。

ただ、リテールメディアなどを含め、データやアプリの活用で注意すべき点として、購買データなどを活用するにあたって、顧客から同意を得る必要があることが挙げられる。個人情報保護法の改正やデータの利用方法などに変更が生じる場合は、その都度、利用規約を更新して同意を得るようにしている。

「**データ活用やアプリへの広告配信にあたって、顧客のプライバシーへの配慮は最重視**してい

図2-1-3 ツルハドラッグアプリ

ツルハドラッグアプリは、デジタル接点の入口となる。アプリIDと購買データ、購入方法、クーポン利用などが紐付いて管理される。

ます。お客様自身からデータの利用許諾を得ることについては、ツルハグループだけでなく、業界全体で丁寧に対応していくべきことだと考えています。また、そのデータを活用した広告配信を、顧客の買い物体験の向上につなげることができるかも、非常に重要な要素です。購買行動に基づいて最適な商品がレコメンドされたり、アプリにクーポンが配信されたりなど、お客様にとって役立つ情報を発信していきたいと思います」(小橋氏)

小橋氏と筆者がリテールメディアの開発を進めていた2019年当時では、「小売事業者の持つデータや顧客接点をメディアとして捉え直す」という小売業界とデジタル広告業界の相互理解からスタートし、データの整理や将来の構想を描いていた。

　リテールメディアとは、その名の通り「リテール」と「メディア」の融合であり、小売事業者、メディア、そしてデジタル広告としての側面が絡み合っている。そのため、従来のやり方に固執すると、単に従来の販促手法がデジタルに置き換わるだけに終わってしまいかねない。この点については小橋氏とも何度も対話を重ね、**メーカーに対して価値の高い提案が可能になると実感できたところから、広告メニューの拡張を進めていった**という経緯がある。

　具体的には、ツルハグループのリテールメディアでは、顧客の購買データを活用したSNSなどの外部メディアへの広告配信からスタートした。リテールメディアというと、自社アプリの広告枠を活用するケースも多くあるが、ツルハグループではユーザー体験を尊重し、まずはアプリを活用した広告配信は見送り、購買データを活用した外部メディアへの配信から開始している。

　そこから少しずつ実績を増やし、2024年5月にグループ各社のアプリを一括管理し、横断的な広告配信を可能にする機能をリリースした。そして、現在では後述する「**ツルハADプラットフォーム**」として、外部メディア配信、ツルハグループのアプリ内配信、店舗のサイネージ配信といった複数の広告サービスを提供し、広告を活用するメーカーの数も順調に増え続けている状況だ。

「最初のアプリ開発の段階から、グループ全体でのデータ集約・活用の構想はありました。現在、ツルハADプラットフォームとして運用できているのは、その成果もあるでしょう。ただ、アプリ開発はスモールスタートで始めたので、大規模な改修が必要な箇所もあります。例えば、情報のリアルタイム性ですね。"今、この瞬間のデータを見たい"とい

う要望が現場で高まってきているため、インフラ整備も含めてブラッシュアップしていきたいと思います」（小橋氏）

オンラインとオフラインのデータを連携したプラットフォームが始動

　ツルハADプラットフォームは運用を開始した当初から、ID-POSデータをはじめとした各種データを統合したCDPを構築していた。これによって外部のプラットフォーム（GoogleやYahoo!、Instagramなど）と連携した広告配信を実現しており、**ドラッグストアとしては最大規模のリテールメディア**といえる。

　筆者とアドインテが開発を支援させていただいた仕組みは、次のようなものだ。まず、ツルハグループのWebサイトやアプリから収集したデータ、ID-POSによる購買データ、店内に設置したIoT端末「AIBeacon」が計測したリアル行動データなどを、Microsoft Azureによって構築したCDPに蓄積する。

　そして、これらのファーストパーティデータや各種IDを整理し、性別や年代、来店頻度、決済方法、クーポン使用歴、購入した品目ごとにデータ分析ができる環境を構築した。膨大なデータをその都度、特殊なコードを記述して分析するのでは時間も手間もかかってしまうため、その省力化や自動化も非常に重要なポイントとなっている。

　また、その分析結果から得られたデータに紐付いたID（広告識別子など）をもとに、外部のプラットフォームと連携することで、過去には不可能だったリアル店舗のデータを活用した精度の高いデジタル広告配信やOne to Oneでのデジタル販促が可能になる【図2-1-4】。

　本書執筆時点で消費財や化粧品のメーカーを中心に多数の事例があるが、以降では花王グループカスタマーマーケティング株式会社での取り組みをいくつか紹介したい。

図2-1-4 ツルハADプラットフォームの仕組み

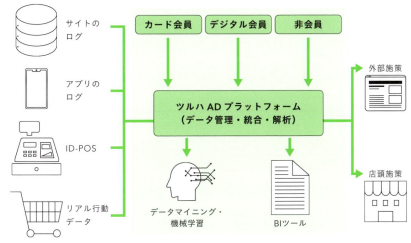

各種データをツルハ AD プラットフォームに収集し、広告配信に利用する。

サクセス

　男性向けの頭皮・毛髪・肌ケアのブランドである「サクセス」の事例では、ID-POSデータから同カテゴリの商品離反者などを抽出し、Google、Yahoo!などの外部メディアに広告を配信した。結果、配信対象者以外のサクセス購入者の販売個数、および同カテゴリの前年同期比の販売個数がほぼ横ばいのところ、ツルハADプラットフォーム配信対象者の販売個数は約1.5倍に伸長した。

エッセンシャル ザ ビューティ

　女性向けヘアケアブランド「エッセンシャル」のうち、「エッセンシャル ザ ビューティ」は髪の毛のリペアに注目した商品だ。ID-POSデータから類似商品購入者などを抽出し、Google、Yahoo!、各種SNSに

広告を配信した。結果、配信対象者以外のエッセンシャル ザ ビューティ購入者の販売個数、および同カテゴリの施策前後比の販売個数がほぼ横ばいのところ、ツルハADプラットフォーム配信対象者の販売個数は約1.2倍に伸長した。

ニベア DEO

ニオイケアができる制汗スプレーブランドの「ニベア DEO」では、ID-POSデータから併買商品購入者などを抽出し、Google、Yahoo!、各種SNSに広告を配信した。結果、配信対象者以外のニベア DEO購入者の販売個数、および同カテゴリの施策前後比の販売個数が1.3倍のところ、ツルハADプラットフォーム配信対象者の販売個数は約1.8倍に伸長した。

6,000台以上のサイネージを導入し、「店舗のメディア化」が進行中

ここまでは主にWebサイトやSNS、アプリ内の広告について触れてきたが、ツルハホールディングスではデジタルサイネージ向けの広告にも力を入れている。2024年4月時点でグループ各社の店舗には6,000台以上のサイネージが導入済みだ【図2-1-5】。

アプリは顧客との接点の核となるが、店内でアプリを利用するのは主に会計時で、ずっと見続けている人は少数だろう。一方、**サイネージは店内にいれば意識しなくても目や耳に入ってくるため、アプリよりも強制視認性が高い**。「購入する予定はなかったが、店内で商品の情報に接した結果、つい買ってしまった」という顧客行動につながりやすいのも、サイネージならではの特徴といえる。

もともとドラッグストアでは、メーカーが小型のディスプレイを棚などに設置して自社のCMを放送するという販促手法が行われていた。同

図2-1-5　ツルハドラッグのサイネージの例

入口サイネージ（左）とレジ近くのエンドサイネージ（右）では異なる情報を配信している。

じことを繰り返すCMが売場に流れていると、単純にその商品の認知度や好感度が高まり、売上にもつながる効果があった。

「くすりの福太郎に出向していたとき、サイネージの実験を行う機会がありました。情報を流した商品のほうが売れやすいのは確かなのですが、メーカーさんの希望通りに実施していくと、小さなディスプレイをいくつも設置することになってしまいます。ならば、より大きくて視認されやすいサイネージを私たちが設置して、情報を発信したほうがよいと感じました」（小橋氏）

前述したように、小橋氏には店舗に地域インフラの役割を持たせたいというビジョンがあった。であれば、一部ではなく全店舗に導入しようということで、店舗をメディア化するチャレンジが一気に進んでいった。さらに、大型店舗であれば複数台のサイネージを設置し、商品のカテゴリやコーナーごとに異なる情報を発信している。

サイネージで配信する広告も、特定商品のテレビCMの動画を繰り返し流すだけではなく、**店舗で顧客がつい足を止めて見入ってしまうようなコンテンツや、見て役に立つコンテンツを発信したい**と考えた。顧客体験の向上につながることを重視し、「いかにも広告」という情報を避けることにした結果たどり着いたのが、第1章第2節でも述べたファクト（事実）ベースのコンテンツ広告である。

　例えば「プライベートブランドの化粧品がこの店舗で何個売れたか」というランキング、つまりファクトを、静止画のスライドショーに音声を付けた広告として配信した。このとき、あえて静止画のスライドショーにしたのは、買い物をしているシチュエーションにおいては**動画よりも視認性が高い可能性がある**と考えたのが理由だ。配信結果は上々で、社内からも「プライベートブランドの売上拡大の切り札になる」と高い評価を得た。

　また、サイネージのコンテンツとして「店舗で働く従業員にもスポットを当てたい」と福井氏は話す。ツルハドラッグの店舗には「ビューティーアドバイザー」（BA）と呼ばれる従業員がおり、化粧品などの接客にあたっている。例えば、BAたちが登場する美容コンテンツをサイネージで流すことで、その人に相談したい、接客してもらいたいという顧客が増え、その店舗のアイドルのような存在になってもらえたらと期待している。

　「ドラッグストアは、医薬品や化粧品で人々の悩みを解決する業態だと考えています。店舗の従業員は、そのような顧客の悩みに寄り添って、最適な解決策を提示するのが仕事です。彼らにフォーカスしていくことは、私たちが大切にしている接客の価値を伝えることでもあります。最終的に地域インフラとなることを目指す中で、**購入する商品が決まっていなくても、つい立ち寄ったり、困り事を相談したりしたくなる場所にしていきたい**と思います」（福井氏）

メーカーとのコミュニケーションから見えてきた課題と新しいアイデア

　リテールメディアへの取り組みが軌道に乗るにつれ、ツルハグループ各社とメーカーとのコミュニケーションも変化していった。現在、リテールメディアを活用した広告出稿などに関するメーカーとの交渉は、ツルハグループマーチャンダイジングだけでなく、ツルハの商品本部も窓口となって行っている状況だ。

　このコミュニケーションにおいては、個々のメーカーの希望を聞きながら、どのような施策がマッチするかを提案していくわけだが、小橋氏は喫緊の課題として「データ分析やデジタルマーケティングに長けたスタッフの不足」を挙げた。

　ツルハADプラットフォームとしてデータを活用できる基盤は整っているものの、大手メーカーにいるマーケターに匹敵するほどの分析スキルやデジタル広告の知見を持つ人材は少ないという。

「例えば『調剤薬局のデータとOTC[※1]の購買データを突合して分析する』『天候と人流データと組み合わせて分析する』といったニーズがありますが、実現は道半ばです。もちろん、私たちが持つ店舗の知見に基づき、顧客の行動心理から仮説を立てて施策を提案することはできますが、**分析結果の数字からも仮説を立てることができれば、より提案の幅が広がります**。メーカーのみなさんとのコミュニケーションも、より充実したものになるはずです」(小橋氏)

　また、メーカーとのコミュニケーションにおいては、**目標とする指標のすり合わせ**も重要であると感じている。リテールメディアの活用部署は、メーカー担当者は営業部門もあれば、宣伝部門やマーケティング部門のこともある。広告の成果について、営業部門は売上を求めるが、

※1　OTC：「Over The Counter」の略。医師の処方箋が必要な医療用医薬品ではなく、薬局の対面販売で購入できる医薬品のこと。

マーケティング部門は認知向上やブランドリフトを重視するため、目標とする指標も前者は売上、後者はクリック単価やインプレッション数というKPIになるので、同じメーカー、同じブランドでも成果は異なってくるのだ。

　加えて、メーカーの担当者における広告配信の理解度もまちまちだ。「リテールメディアといえばサイネージ広告のこと」という認識の人もいれば、小売事業者の「アプリ内の広告」だけを想定している人もいる。交渉時にはアドインテと連携し、ツルハADプラットフォームとして提供しているサービスの多様さを説明しながら、理解度の向上に努めている。

　「私たちにとっても、リテールメディアを始めるまでは"クリック数やインプレッション数によって広告料金が変動する"という世界は未知でしたし、それだけに興味深いものです。1つの商品を販売して数円、数十円の利益がある小売事業者からすると、1クリック数百円の世界は最初は理解しにくい価格でした。私たち小売事業者にとって、いくらたくさんの広告を配信しようとも、商品が売れなければ意味がありません。これはメーカーの営業部の方々と同じ感覚でしょう。営業的な発想とマーケティング的な発想、その両方の理解が私たちの中でも進んでいるところです。まさに、広告と販促の融合でもありますし、小売とメディアなど、さまざまな境界線が曖昧になってきていると感じます」（小橋氏）

　店舗がメディア化していく中でも、顧客が実際に来店し、商品を購入していく場所としての役割は依然として最も重要だ。福井氏は、リテールメディアが売上の向上につながる施策として、**店舗の売場、アプリ、サイネージ、クーポン、そしてメーカーのCMも含めて、同じ情報を発信しているケースで効果が表れやすい**と話す。

　「実際に新商品の販売で、全体の市場以上にツルハドラッグでの売上が先行したという事例が複数あります。リテールメディアの施策で購

入を牽引するアイデアとして、非常に有効なのではないでしょうか。こうした施策にメーカーさんが投資してくださるのも、価値を感じてもらっているからこそだと思いますし、これからもさまざまなデータや顧客接点を活用してリテールメディアのメニューの強化を図っていきます」（福井氏）

複数のリテールメディアを横断して効果測定できる世界を見据える

　ツルハADプラットフォームの運用開始から、本書執筆時点で3年半が経過している。これまでの印象的な気付きとして、小橋氏は「**購買データによるターゲティング精度を上げるほど、広告の反応率がよくなる一方で、ボリュームは小さくなる**」というトレードオフの関係を挙げた。

　そして、広告の反応率がよいと、そのユーザーに対して何度も配信したいという要望が現場で生まれてくる。

「当然ながら、広告を配信しすぎればユーザーから嫌われてしまいます。小売事業者としての"商売根性"を抑えて、適切なバランスとユーザーのためになるコンテンツを配信することの重要性を現場には伝えています。自分が1ユーザーとしてアプリを利用したり買い物をしたりしているときに、広告をどのように感じているか？　その感覚を忘れずにいたいものです」（小橋氏）

　福井氏は、気付きとして費用の問題を挙げる。リテールメディアはメーカーに対して、従来にはなかった投資を求める施策であることは間違いない。ある一定期間に、全店舗を対象に大々的な施策を打てる投資が可能なのは、大企業が中心になってくる。しかし、**特に化粧品や健康食品のカテゴリにおいては、中小・中堅企業のメーカーが革新的で、話題の商品を提供しているケースがある。**

「現状の仕組みでは、中堅以下のメーカーさんには負担が大きいといわ

ざるを得ません。なるべく費用を抑えて、市場を活性化できるような状況を作っていく必要があります。今後は地域や店舗などを絞って、どのような規模のメーカーさんでも活用できるメニューを考えていきたいと思います」(福井氏)

　大崎氏は、店舗を担当していた頃に知り合ったメーカーの担当者に偶然会ったとき、「リテールメディアの広告で売上が伸びた。また出稿してみたい」と声を掛けられたことを気付きとして挙げた。メーカーの中でも効果を実感している人が出てきたこと、それをわざわざ自分に伝えてくれたことがうれしかったという。

「店舗では『親切第一、信用第一』を叩き込まれます。しかし、店舗を離れてリテールメディアに取り組む立場では、お客様やメーカーのみなさんの視点を見落としてしまうかもしれません。私たちの顧客に喜んでもらうために何ができるかという発想を持ち、根気よく施策を続けていくことが大切だと考えています」(大崎氏)

　ツルハグループにおけるリテールメディアの今後の展望として、福井氏は直近でリリースされたアプリの広告枠の活用と、店舗におけるサイネージの進化を期待している。「サイネージの効果を数値で計測・分析できるように、レポートも強化したいと考えています。また、サイネージ単体での施策だけではなく、アプリとの連携など、ツルハが持っているデータや顧客接点も連携したより効果の高いメニューも開発していきたい」と話す。

　そして小橋氏は、リテールメディアは自社の店舗で売れれば広告の効果としてみなされるが、ほかの小売事業者の店舗で売れても効果として計測できないことに対して、何らかの解決策を提示していきたいと考えている【図2-1-6】。

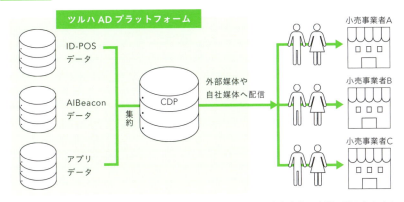

図2-1-6 小売事業者の垣根を越えた効果測定

ツルハADプラットフォームからの広告に接触した人が、どの小売事業者の店舗で購入したとしても効果測定ができるのが理想だ。

　広告を出稿するメーカーからすれば、商品がツルハグループの店舗でなくても、どの店舗で売れても売上は上がる。ツルハホールディングスの年間売上高は1兆円規模だが、小売事業者全体から見れば一部でしかなく、メーカーは「ツルハに広告を出稿するのが最適解なのかどうかを見定めている段階」だと分析する。

「メーカーさんの視点に立てば、ドラッグストア、さらにはスーパーマーケットやコンビニエンスストアなども含めた小売事業者全体を横断して、どの広告でどれだけ売れたかを計測できるようになることが理想でしょう。それを実現するには、業界の垣根を越えて取り組まなければいけませんし、お客様のプライバシーを保護しつつ、各社のデータを集約して分析できる仕組みが必要になるなど、リテールメディアの課題は海外同様まだまだあるなと思います。リテールメディアを横断しようという風潮もそれだけでは解決しないと思いますが、もしこのような仕組みが実現すれば、リテールメディアに留まらず、広告業界そのものが激変する可能性があるでしょうね」（小橋氏）

2-2 セブン‐イレブン・ジャパン

杉浦克樹氏
（マーケティング本部 デジタルサービス部 兼 リテールメディア推進部 総括マネジャー）

1日2,000万人が来店する店舗のメディア化を目指す

株式会社セブン‐イレブン・ジャパンは、1日に約2,000万人（2024年2月期）が来店する国内最大規模のコンビニエンスストア事業を展開している。2022年9月に設立されたリテールメディア推進部の総括マネジャー、杉浦氏にお話を伺った。

数々の店舗の課題に向き合ってきた
リテールメディア専任のチームで取り組む

　2023年11月に創業50周年を迎え、次の50年の成長を見据えた新規事業に取り組むことになったセブン‐イレブン・ジャパン。今回取材した杉浦氏は、2021年より新規事業の構想を考え、セブン‐イレブンアプリの責任者を務めてきた人物だ。アプリの会員数は2021年末で約1,600万人、そして2024年8月末時点で2,400万人となっている。
　「セブン‐イレブンアプリの膨大なデータを活用して、新しいビジネスができると考えた」と杉浦氏は振り返る。ちょうどその頃、米国でウォルマートをはじめとしたリテールメディアビジネスの勃興が話題となっており、それも後押しとなった。セブン‐イレブンのメディアの力、保有しているデータ量を鑑みて「セブン‐イレブンに勝ち筋がある」という仮説のもと、新規事業として取り組むことを決めた。
　そして、2022年9月にリテールメディア推進部を立ち上げた。現在は次の3部門に分かれている。

* **事業企画部門**
  事業全体のサービス構想を検討する。契約関連の対応など管理業務も担う。
* **セールスグロース部門**
  メーカーへの営業と広告配信のデータ分析、レポーティングを行う。
* **店舗メディアシステム開発部門**
  セブン-イレブンの店舗をメディア化するために必要なデジタルサイネージなどのハードウェア／ソフトウェアの導入、システム運用・開発を担う。

　メンバーは2024年9月時点で23名いるが、全員が「素人」出身だと杉浦氏は評する。理由は小売事業出身で、メディア運営やSQL[※1]を使ったデータ分析、広告運用などの経験がある人材ではないからだ。そのため、業務支援のような形で外部の人材をアサインしたり、アドインテのような外部パートナーと連携したりしながら事業を推進している。
　ただし、リテールメディアに関しては素人かもしれないが、全員がセブン-イレブンの加盟店と向き合い、店舗の課題をヒアリングしながら方向性を示すコンサルティングを経験してきている。その経験は**メーカーの課題を発見し、その課題解決の提案をしたうえで、施策を実施して結果を見ながら次に導く**というリテールメディアの運用と手順、思想が近いため、現在の業務に生かされていると杉浦氏は見ている。
　「セブン-イレブンでは、毎日大量のトランザクション[※2]が発生していて、そこにじっくりと向き合う経験をしています。そのため、データを見る、解釈するリテラシーは高く、データ分析の勘所をつかんでいる者

※1　SQL：「Structured Query Language」の略とされ（諸説あり）、リレーショナルデータベースを操作・管理するための言語。各種データベースから意図通りのデータを抽出・整形するために利用される。
※2　トランザクション：本来は「商取引」の意味。デジタルマーケティングにおいては、商品の購入や支払いを記録する1件1件の処理や、それらを表すデータのことを指す。

ばかりです」(杉浦氏)

　単純な例を挙げると、雨が急に降り出すとビニール傘が売れるという仮説に対して、実際の販売数の変動をデータで確認できる。メンバーは小さなきっかけで購買行動が変わること、それがデータにも表れることを理解しているため、**仮説を導く能力に長けており、その仮説を用いて検証してきた経験から、データの扱い方が身に付いている**のだという。

2,400万人が利用するセブン-イレブンアプリとPOSデータの強み

　リテールメディアでは、**主にセブン-イレブンアプリで収集したデータを活用**している。セブン-イレブンアプリは、支払時に会員コードを提示するとセブン&アイグループ共通マイルが貯まるほか、キャンペーンへの参加やクーポンの獲得ができる。セブン-イレブンアプリとPayPayを連携している場合は、セブン-イレブンアプリからのPayPay支払いも可能だ。

　また、お客様IDである「7iD」には、性別、年齢、居住地などの基本属性が入っている。過去の利用状況次第では、配送のための住所や電話番号を登録しているケースもある。

　支払時にアプリを提示したときの購入情報として、利用店舗、日時、購入商品、購入点数、支払金額、支払方法が蓄積されている。さらにクーポンの利用、バナーの視聴、クリックといったアプリの利用データに加え、アンケート機能を利用して定性データも収集できる。また、セブン-イレブンアプリとPayPayを連携している場合は、セブン-イレブン以外での支払いでPayPayを使ってもデータが収集される。一方、位置情報は収集していないので、現在地は確認できない。

　もう1つの大きなデータとして、**ID-POS**がある。セブン-イレブン・ジャパンがPOSシステムを導入したのは1982年。レジで商品をスキャ

ンすると、自動的に購買データが収集できるようになり、世界で初めてマーケティングにPOSデータを活用した。POSの導入から40年以上が過ぎ、今ではボタン1つで必要なデータがすぐに表示されるような仕組みを構築している。例えば、ある商品のある店舗での販売数、欠品発生時間、欠品発生確率、廃棄量などがすぐに表示できるのだ。

　2018年まではID-POSと7iDを連携させる手段がなかったが、**セブン-イレブンアプリが登場したことでID連携が可能**になった【図2-2-1】。なお、電子マネー「nanaco」（ナナコ）は2007年から提供されており、カードと購入情報が紐付いているものの、1人で複数枚を所持できるため、精緻なデータを収集できていなかった。

図2-2-1 セブン-イレブンアプリとPOSデータの連携

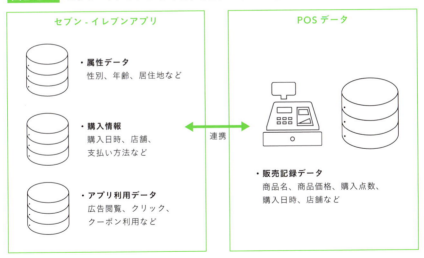

セブン-イレブンアプリとPOSデータを連携することで、誰が、いつ、どこで、何を、どれくらい買ったのかをデータとして蓄積できるようになった。

　量も質も十分なデータを保有している一方で、**課題としてはセブン-イレブン内での購入データに限られるため、商品数が限定されてしまう**ことだ。セブン-イレブンの1店舗あたりの商品数は平均して約3,000アイ

テムだが、スーパーマーケットであれば数万単位の商品がある。また、ECサイトであればロングテールでニッチな商品までカバーできるため、数億単位の商品を取り扱うケースもある。

　そしてPayPayを除き、前述したようにセブン-イレブンのみの購買データに限られ、他社のスーパーやコンビニエンスストアのデータがない点は、メーカーにとってはマイナスポイントになりうる。ただし、セブン＆アイグループには、イトーヨーカドー、ロフト、アカチャンホンポなどがあるほか、各グループのECサイトは共通IDである7iDを利用するので、グループ全体としては多様なデータを活用することができるのは強みである。

　加えて人材の課題もある。リテールメディア推進部のメンバーは小売事業出身者だが、自社でSQLを活用する分析はすでにできている。一方で、高度な分析はデータサイエンティストのような専門的な人材が必要となる。取材時点では、業務支援会社や他部門の人材などの力を借りつつ、3人のデータ分析担当者が学びながら業務を行っている状況だ。

　さらに、データの収集や抽出、変換、クレンジングなどができるノーコード（ローコード）のツールも充実してきている。これらのツールは、特別なプログラミング知識がなくても使えるため、メンバーのスキルに合わせた活用が可能となっている。また、ツールの導入によって作業効率が向上し、データの精度も高まってきている。

　もっとも、**リテールメディアにおいては、極度に高度な分析が求められているわけではない**と杉浦氏は考えている。広告主となるメーカーの分析の期待と見合ったところで、提供できるようにしている。

リテールメディアの意義は
ターゲティングと効果測定にあり

　リテールメディアの広告配信面として現在利用しているのが、**アプリの表示枠**である【図2-2-2】。広告はターゲティングして表示しており、顧客と親和性の高い広告が表示されやすいようになっている。アプリを更新するたびに、その時点での広告在庫に合わせて表示内容が変動する。ターゲットになる広告在庫がない場合は、広告枠は非表示になる。現状では飲料や菓子のメーカーからの出稿が多くなっている。

　アプリの利用者は商品の購入に最も近いタイミングでアプリを開くため、効果につながりやすい。**クーポンと連動する広告は特に、店舗の中でクーポンを確認して商品を選ぶので、効果が高く出る。**

図2-2-2 セブン-イレブンアプリに表示される広告枠の例

セブン-イレブンアプリの広告枠は、ユーザーの属性や購入履歴に応じて最適化したものが表示される。

なお、バナーをタップすると商品の詳細情報がアプリの「WebView」で表示される。アプリ内でWebページが開かれるため、すぐにアプリに戻ることができるうえ、閲覧状況を追跡できる。データ分析の結果、詳細ページを閲覧した人のほうが、翌月以降のリピート購入率が上がりLTVが高くなる傾向がわかっているという。杉浦氏は、商品情報を見て商品について理解したうえで購入した人のほうが納得感があり、翌月以降も記憶に残って購買傾向が高まるのではないかという仮説を立てている。

　また、杉浦氏はリテールメディアの強みとして、ターゲットを絞れることと、購入までの効果検証が可能なことを挙げる。精度の高いターゲティングができることが強みなので、ターゲティングせずに広告を配信するのであれば、テレビなどのマス広告でリーチする人数を増やしたほうがよいと考えている。

　同社はこれまで、広告出稿主としてテレビ広告、新聞広告、YouTube広告やSNS広告に多額の投資をしてきた。その際の経験として、より多くの人に届けるのであれば、今でもテレビ広告が最もインパクトがあるという認識がある。次点として、YouTube広告やYahoo! JAPANのトップページに表示されるブランドパネル広告[※3]があり、リーチが取れれば取れるほど効果が高くなる。

　リテールメディアがリーチでマス広告に及ばないとしても、精緻化したターゲティングと施策後のデータ分析を武器にすることで、強みを発揮できる。データ分析では広告のクリックや視聴状況の計測はもちろんのこと、その後の購買につながったことまでを検証する必要がある。また、リーチを補うには、アプリ以外の外部連携を強めることで広げることができる。

　なお、まだ実験的ではあるが、同社では店舗にデジタルサイネージを設置し、AIカメラでデータを取得する取り組みを開始している【図2-2-3】。

※3　ブランドパネル広告：Yahoo! JAPANのトップページに掲載されるディスプレイ広告のこと。通称「ブラパネ」。

リテールメディアの定義には、小売事業者のあらゆるメディアが含まれるが、**杉浦氏はデータを収集・分析できるという要件が満たされていない場合は不十分だと捉えており、それはサイネージでも同様である。**

図2-2-3 セブン-イレブン店舗内のデジタルサイネージの例

デジタルサイネージにはAIカメラを設置しており、閲覧する人の属性や閲覧状況を収集している。

店舗で取り扱いのある商品のみを広告出稿の対象にして測定精度を向上

　同社のリテールメディアでは、飲料、菓子、加工食品などの広告出稿が多い。それら以外での興味深い事例としては、オンラインでの買い物やゲームアプリの課金などに使える「POSAカード」がある。POSAカードはこれまで、いつ、誰が、どれくらい購入しているのかをデータとして取得できなかったが、購入時にセブン-イレブンアプリをレジで提示してもらうことで、紐付けができるようになった。

　例えば、アプリ内のバナー広告で、ある企業のPOSAカードを紹介して購買行動を分析したところ、購入者は男性比率が高く、同時に購入しているものは少年マンガ雑誌というような傾向が明らかになった。その企業としても、**このような購買者の具体的なデータは初めて確認できた**という。杉浦氏は、リテールメディアは効果検証のデータの価値が高いことをあらためて指摘する。

セブン-イレブンアプリの広告出稿主は多様で、自治体と飲料メーカーが組んで広告を掲載するような事例もある。2023年夏にある自治体が大手メーカーのスポーツドリンクと連携し、熱中症対策のキャンペーンを実施したケースでは、その自治体に住所登録している人や、直近で自治体内での購入履歴がある人をターゲティングして広告を出稿した。

　なお、セブン-イレブン・ジャパンでは、**現状ではセブン-イレブンで扱っている商品を広告として掲載するようにしている**。取り扱いのない商品を掲載しても購買データを取得できず、効果測定の価値がないからだ。裏を返せば、もし別の店舗で販売されている商品であっても、アプリで広告を視聴してからの購入であることを追跡できる仕組みが実現できれば、対象となる商品が広がる可能性がある。ただし、セブン-イレブンアプリで表示されることに違和感がないもの、そしてフランチャイズ加盟店のオーナーが見たときにポジティブに受け止められるものを前提としている。

セブン-イレブン1社への広告出稿でもマス広告並みのリーチ力がある

　セブン-イレブン・ジャパンでの広告主へのアプローチ方法は3通りある。1つ目は、普段からメーカーの広域営業部と向き合っている商品部から紹介してもらうケースである。一般的に大手メーカーの広域営業部は、コンビニ各社、スーパー各社、ドラッグストア各社に専任の担当者が付いて、仕入れの値段などの交渉を個社単位で行う。広域営業部がリテールメディアの利用について判断する場合は、広域営業の販促予算から広告費用を賄うことが多い。

　2つ目は、広域営業からマーケティング部門や宣伝部門を紹介されるケースだ。この場合はマーケティングおよび宣伝の予算となる。基本的に、メーカーの広域営業部は広告のための予算を持たないので、マーケ

ティングや宣伝部門のほうが予算化しやすい傾向がある。3つ目は、アドインテなどの代理店から紹介を受けるケースである。

なお、2つ目のケースでは、マーケティング部門や宣伝部門が広告費用として適切かどうかを判断する。**検討時に議論となるのが、セブン-イレブン1社のみに予算を投下することをどう評価するか**である。広告の出稿先としてテレビやデジタルメディアという選択肢はあっても、セブン-イレブン個社に広告費用を支払うという選択肢はこれまでなかったからだ。

アプリの中に広告を配信する場合でも、ニュースなどのメディア系アプリであれば通常のデジタル広告の選択範囲内であるが、セブン-イレブンアプリのみに配信するというと、リーチが小さく見えてしまうのである。

本節の冒頭でも述べた通り、日本全国のセブン-イレブンへの1日の来店者数は延べ2,000万人おり、単純計算で人口の6分の1をカバーするため、テレビの視聴率でいえば15％程度に匹敵する。**個社対応と見てしまうと小さく見えるが、数を見ればマス広告に見劣りしない**のだ。しかし、この価値が伝えきれていないという。

「そろそろ転換期が来ると予想しています。すでにリテールメディアの価値を理解して推進している企業では、実際にリテールメディアへの広告配信を行い、効果検証を行っています。メーカー側での成功事例が増えてくれば、メディア出稿の予算配分にリテールメディアを加える企業も増えると期待しています」(杉浦氏)

広告効果についてのレポートは、分析項目の数や分析の深さなど、レポートの種類に合わせてバリエーションを用意している。多くのメーカーが知りたい項目は、広告による購入への影響度合いと、購入した人のこれまでの購買傾向だ。

後者については、**特に他社商品から自社商品へのブランドスイッチがあったのかどうかが注目される**。今の日本経済では、個人が消費に使える金額はほぼ一定で増えていない。もちろん、個人が1日に食べられる分量も増加しないので、メーカー同士でシェアの奪い合いをしている状

第2章 あらゆる顧客接点がメディア化する──小売事業者の先進事例

態だ。新商品を発売したら、できれば自社からではなく、他社の競合商品からの乗り換えで購入してほしいという本音があるのだ。そして**広告を出稿することで、試し買いをしてもらえたのか、その後リピート購入しているか、LTVはどのくらいか、他社商品に鞍替えしていないか……といった項目を検証したいという期待**がある。

　LTVについては、どれくらいの期間で検証するかは商品特性によって異なるため、事前の打ち合わせで議論を行う。飲料であれば、人によっては毎日買う人もいるように購入頻度は高い。調味料であれば、3カ月から半年程度の期間を追跡しないとLTVは計測できない。

　なお、1つの施策にかかる期間は3カ月以上となり、基本的な進め方は次のようになる。

　最初に、**メーカーの課題抽出のために既存のデータを活用してゼロ次分析**を実施する。その課題から改善手法を提案し、メーカー側からのフィードバックを受ける。そのフィードバックを受けて**課題の整理と施策の再提案をしてフィードバックを受ける**。このやりとりを3回くらい繰り返し、納得してもらえれば商談が成立し、契約となる。さらにその後、実際に広告を出稿してレポートを提出して、完了となる。最初のアプローチから施策の終了まで時間がかかるため、数を多く受注できないというのが現状だ。

「**課題の抽出や施策の検討に時間をかけている理由は、リテールメディアではテレビ広告やデジタル広告では解決できない課題に取り組むことができるから**です。単に広告を出稿して大勢の人にリーチさせるだけであれば、リテールメディアでなくても問題はないはずです。リテールメディアだからこそ可能な課題の解決を目指し、広告主とコミュニケーションを取りながら施策を練ることが重要です」(杉浦氏)

「四方よし」のリテールメディア。バズワードで終わらせないためには

　同社におけるリテールメディアは、新規事業として売上を上げ始めている。リテールメディア事業を推進する中で、**あらためてデータの価値に気付けた**と杉浦氏は話す。セブン-イレブンでは以前から大量のデータを活用してきたが、これまではすべて社内やグループ内での取り組みに限られていた。そのデータを外部の企業が活用できる仕組みを整えたことで、**メーカーのニーズを理解することができ、蓄積してきたデータの価値を再認識**したという。

「セブン-イレブンは従来、BtoCを中心にサービスを提供して成長してきました。そして今、データを活用して店舗をメディア化することで、BtoBのサービスとして新しい貢献ができるようになりました。私たちがメーカーのみなさんを支援できるようになり、そこから収益を得られることは大きなチャンスです」(杉浦氏)

　杉浦氏は、**リテールメディアを企画する際に「四方よし」の施策である**と社内に訴えた。四方とは、メーカー、顧客、セブン-イレブン店舗のオーナー、そしてセブン-イレブン本部である。投資をして四方よしの仕組みを作り上げて、それが今動き始めている。

　リテールメディア全般における課題として感じていることは、**リテールメディアの定義があやふやで、サービスを提供される側であるメーカーに伝えにくいこと**だ。テレビ広告は放送する時間、デジタル広告はインプレッション数やクリック数など、費用の目安となる指標があって、わかりやすい。リテールメディアは、小売事業者によって配信のフォーマットが違えば、指標もレポートも異なる。中には、ターゲティングとデータ分析を含まないサイネージやポスター、紙媒体などもリテールメディアとして提供されているケースもある。

　媒体によって紐付くデータの量と質、単価もそれぞれ異なるため、取

り組もうとしているメーカーの担当者は横並びでの比較ができず、自分で1社1社調べなければならない。本書では小売事業者としてまとめているが、総合スーパーかドラッグストアか、コンビニエンスストアかでも異なる。**リテールメディアをもう1段階加速するには、定義と評価方法を揃えていく必要がある**と杉浦氏は考えている。

また、**ROAS**[※4]**が低く見えがちであることも課題**だ。従来のデジタル広告は店舗で購入したかどうかまでは追跡できず、クリックやインプレッションで効果を判断していた。一方、リテールメディアは店舗での購入までのプロセスを追跡できることが強みである。

ただし、広告を見たあとに購入したとしても、必ずしもセブン‐イレブンで購入するとは限らない。商品にもよるが、500万円の広告費用を支払ったとして、セブン‐イレブン1社のみで広告費用分を上回ることは難しいのが現状だという。

特に、コンビニエンスストアで扱う商品はほとんどが1,000円以下と単価が低い。クルマなどの高単価商品であれば1台売れただけでも広告費用を回収できるが、単価が低い商品ではROASに着目すると厳しい評価になる。

リテールメディアの展望としては、セブン‐イレブンアプリに留まらず、2万1,000店を超える店舗数を生かして、店舗のメディア化を進めていきたいと話す。セブン‐イレブンアプリは、アプリを活用して実際に商品を購入しているユーザーは延べで200万人弱であるが、店舗の来店者は約2,000万人なので、メディア化できれば大きな価値になると考えている。

そして、**外部のメディア連携やデータ連携を進めていきたい**と考えている。前述したように、セブン‐イレブン1社だけではメーカーのニーズを満たせない場合があるので、セブン‐イレブンで取得できるデータ

※4　ROAS：「Return On Advertising Spend」の略。広告費用対効果（広告費用回収率）のこと。「広告からの売上÷広告費×100」で求め、単位は「％」となる。

と、ほかの小売事業者で取得できるデータを掛け合わせて、より精緻な効果測定をしていけるような体制を整えたいと話す。

「セブン‐イレブン・ジャパンとしてのリテールメディアの型ができてきており、私たちが独自に提供できるものもあります。その強みを生かして、ほかの小売事業者のみなさんとの連携も可能だと考えています。業界全体でリテールメディアを盛り上げて、バズワードで終わらせないようにしたいですね」（杉浦氏）

　最後に杉浦氏より、これからリテールメディアに取り組もうとする人々に向けたメッセージをいただいた。

「当然ですが、小売事業者は企業によって規模が異なります。リテールメディアがいくら注目されているといっても、その企業規模を超えるような投資をするリスクを冒すべきではないでしょう。リテールメディアに取り組む際は、**すべてを自社で抱え込まず、仕組みやサービスを提供する支援企業や代理店に依頼してチームを組みながら、勝ち筋を見つけていくことが大切**なのではないでしょうか。また、メーカーのみなさんには、ぜひ一度当社のリテールメディアを活用し、その良し悪しを感じてもらいたいと思っています。特にマーケティング部門や宣伝部門の方々から、お声掛けいただける日を楽しみにしています」（杉浦氏）

2-3 楽天グループ

春山宜輝氏（市場広告部 ジェネラルマネージャー）
林 孝憲氏（市場広告部 ヴァイスジェネラルマネージャー）

楽天市場がブランドの世界観を伝えていくメディアとして進化中

［約5万7,000店舗（2024年5月現在）が軒を連ねる国内最大級のECサイトである楽天市場は、2000年代初頭から広告事業を開始している。同社の広告プロダクト企画を担う「市場広告部」を統括する、春山氏と林氏にお話を伺った。］

2000年代初頭から広告事業を開始。現在は2,000億円を超える規模に発展

　1997年に従業員6人、サーバー1台、13店舗でスタートした楽天市場。本書の取材時点での店舗数は5万7,000店に拡大し、楽天グループのサービスは金融、旅行、通信、デジタルコンテンツなど、70を超える分野に広がっている。

　楽天市場は、**リテールメディアという言葉がなかった2000年頃から広告事業をスタート**させた。当初は楽天市場のセール会場のトップページやクリスマス、バレンタインデーなどのシーズナル企画ページ内、そしてユーザーに配信するメルマガ内に広告枠を用意し、楽天市場に出店する店舗に販売していた。

　広告事業を開始した当時は、広告枠を販売して収益化することよりも、**店舗の売上を増やすための施策**として提供していた。この方針は、広告事業の売上が2,065億円（2023年度）[※1]となった現在でも基本的には変わっていない。**事業としてのミッションは、楽天市場内のGMS[※2]の最大化**である。

※1　楽天グループ株式会社 2023年度通期および第4四半期決算
※2　GMS：「Gross Merchandise Sales」の略。流通総額のこと。

今回お話を伺った春山氏と林氏は、楽天市場の広告プロダクト企画を担う部署である「市場広告部」を統括する方々だ。正式な組織名としては、コマース&マーケティングカンパニー マーケットプレイス事業 市場広告部となる。同部署は大きく次の3つのチームに分かれている。

＊プロダクトを企画するチーム
　広告プロダクトや広告管理画面などの企画・検討を行い、エンジニアと調整しながらプロダクトを実装するチーム。広告主（店舗・ナショナルブランド）の課題や要望を確認し、常に改善していく。

＊プロダクトを販売するチーム
　楽天市場の広告プロダクトは、店舗向けとナショナルブランド向けに分かれている。店舗向けにはECC（ECコンサルティング）、ナショナルブランド向けにはAIO（アカウント・イノベーション・オフィス）と呼ばれるコンサルタントが付き、売上や認知を上げるための戦略・施策を提案する。そのECCやAIOのサポートを行い、広告プロダクトの販売促進戦略やセールス・マテリアルの整備、店舗やブランド向けの勉強会などの情報発信も担当する。

＊プロダクトを守るチーム
　デジタル広告には景品表示法や薬機法など、遵守すべき法律や規制がある。開発しようとしているプロダクトがルールに則っているか、法的なリスクはないかを、コーポレートの法務チームと連携しながら管理する。また、日々のトラブル管理や問題が起きたときの解決策、再発防止のとりまとめ、および周知徹底などを担当する。

　例えるなら「作る」「攻める」「守る」の3方向から楽天市場の広告事業を推進しているといえそうだ。その他、楽天社内の品質管理チーム、メディア編成チーム、マーケティングチームなどとも連携しながら、**店舗やブランドが楽天市場で売上を伸ばし、新規ユーザーを獲得することを目**

指して、**楽天市場の事業と一体化して展開**している。

　楽天市場のリテールメディアは成り立ちから見ても、ウォルマートなどの店舗を持つ小売事業者のリテールメディアではなく、ECサイトを中心とした**Amazonのリテールメディアの立ち位置に限りなく近い**。日本ではBtoCの物販におけるEC化率が9.13%[※3]に留まっており、実店舗が依然として強いため、小売事業者のアプリや店舗のサイネージなどがリテールメディアとして注目されているが、EC分野を見れば楽天がリテールメディアの最古参である。

フルファネルでの出稿が可能な楽天市場の主な広告プロダクト

　楽天市場の広告プロダクトでは、**認知、興味・関心、購入のフルファネルに対応した個別のプロダクトを用意**しているが、**最も購入に近く、効果が表れやすいのが「検索連動型広告」（検索広告）**だ。楽天市場内では出店している店舗向けには「RPP」（Rakuten Promotion Platform）、非出店のブランド向けには「SE」（Sales Expansion）という名称で提供されている広告で、ユーザーが楽天市場内で商品を検索すると、それにマッチする広告が検索結果に表示される【図2-3-1】。

　検索広告のROASは全ジャンル平均で1000%を超える。つまり、30万円分の広告出稿をすれば、広告経由の売上が300万円になるということだ。これは平均値であり、個々のケースには上下のばらつきがあるが、多くの店舗が広告費用を出した分の売上効果を実感し、検索広告を継続的に利用している。

　一方、興味・関心を高めるための広告の代表格が、**楽天市場内のさまざまな露出面に表示されるディスプレイ広告**（TDA：Targeting Display Ad）

[※3]　出典：令和4年度 電子商取引に関する市場調査（2023年8月、経済産業省）

だ。商品購入時に利用できるクーポンとセットになったクーポン広告もあり、こちらも購入への導線として効果が高い。

認知を得るには、多くの人々の目に触れる場所に広告を掲載するのが有効で、「ビッグセール広告」「シーズナル広告」「TOP広告」などが該当する。ビッグセール広告は、楽天スーパーセールやお買い物マラソンなどの年間イベントに連動して出稿できる広告だ。シーズナル広告は、クリスマス、母の日・父の日、バレンタインデーなどの季節イベントに合わせた広告であり、TOP広告は最も露出が高いトップページに掲載できる広告である。

図2-3-1 楽天市場でのRPP広告の例

ユーザーが楽天市場内で検索したキーワードに応じて広告が表示される。

楽天市場だけでなく、**外部メディアのFacebook、Instagram、Googleにも楽天のデータや楽天に登録されている商品のカタログ情報を活用して、広告を配信できる**。購入に直結するものとしてはGoogleの検索に連動したショッピング広告があり、検索結果に商品を掲載し、楽天市場の店舗の商品ページに誘導できる。認知獲得、興味・関心には、ユーザーが長時間滞在するFacebook、Instagramに広告を配信する。なお、Googleのショッピング広告と連携したRPP-EXP（RPP-Expansion）は2024年5月にリリースしたばかりだが、リリースした当日すぐに170店舗が利用、1週間で500店舗以上が利用したという。

8割以上の店舗が広告をセルフ運用。
広告管理ツールから外部メディアにも出稿可能

　楽天市場の広告では、**8割以上の店舗が自身で広告運用を行うセルフ型**だという。楽天の運用チームや外部の運用広告の代理店が運用するケースもあるが、その割合は1割ほどに留まる。

　楽天市場では広告管理ツールを提供しており、**楽天市場内の広告に限らず、GoogleやFacebookなどの外部メディアにも広告を出稿できる【図2-3-2】**。GoogleやFacebookなどでも管理ツールを用意しているが、それぞれのアカウントが必要であり、出稿手順やキャンペーンの作成方法などが異なるため、不慣れな広告主は戸惑うことがある。楽天の広告管理ツールを使えば、統一された手順でキャンペーンを作成して広告設定ができることは大きな利点だ。また、外部メディアを利用した広告であっても、楽天市場での効果測定ができる点も特徴といえる。

　広告管理ツールでは各種KPIが確認できるようになっており、店舗によっては担当者が細かく数値をモニタリングして最適化を図っている。多くの店舗は、細かく数値を見るよりも1〜3カ月単位で楽天市場経由の売上金額を見ながら、マーケティング予算から楽天広告にどのくらい投資をするかを判断するケースが多い。

　店舗が自ら広告運用するケースが多い理由は、管理画面からの操作が

図2-3-2　楽天市場の広告管理ツール

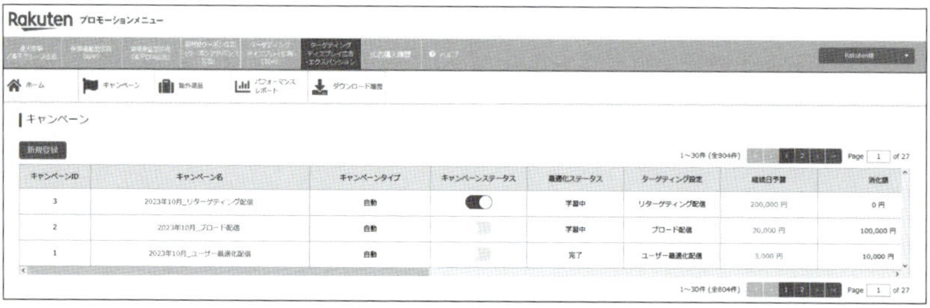

広告管理ツールにより、簡単に広告をセルフ運用できる。

簡単であることに加えて、広告に限らず、店舗売上を最大化するための計画策定を支援するECCの存在が大きい。ECCの役割については後述する。

メディアとしての楽天市場の強みを生かしたブランドの認知獲得のための広告

　店舗が商品購入を促すために広告を出稿するように、自店舗を持たないブランドも、楽天市場内で取り扱われている自社商品の売上を向上させるために広告を出稿できる。例えば、検索広告であれば、ユーザーが消臭剤を検索したときに、自社のブランドの商品がPRとして検索結果の上位に表示され、楽天市場内の店舗で購入できる。

　さらに、楽天市場のメディアとしての強みを生かしたブランド向けの認知獲得のための広告もある。

「楽天市場は"Shopping is Entertainment!"をスローガンに掲げており、購入する場所であるだけでなく、お気に入りのブランドの商品のページを見る、知らなかった商品に出会うという楽しさも提供しています。商品ページや商品のレビューは認知・検討の段階で利用されるケースがあり、楽天市場全体がメディアとしての価値を持っています」(春山氏)

　各ブランド自身が運営するWebサイトには専用の商品紹介ページが用意されているが、メディアのように日常的に閲覧されるわけではない。商品のジャンルにもよるが、企業サイトは購入時の参考情報として閲覧されにくい課題があると林氏は指摘する。確かに、調味料を選ぶときにメーカーのWebサイトで詳細をチェックする人は少ない。飲料なども同様である。

　また、ECサイトが用意されていない限り、メーカーのWebサイトは購入とは分断された状態で存在している。Webサイトを訪問した人が、その情報を参考に購入したのかどうかを追跡する手段がなく、効果を測定できない。

こうした課題の解決として生まれたのが、「Showroom」と「Brand Gateway」という広告プロダクトだ【図2-3-3】。**楽天市場内にブランドの特設ページを用意できる**もので、認知獲得の効果が高い。紹介されている商品の詳細情報を見ることで購入の検討ができ、さらに取り扱う店舗に誘導すれば、購入にもつながる。

図2-3-3 BRAND PLACEのトップページ

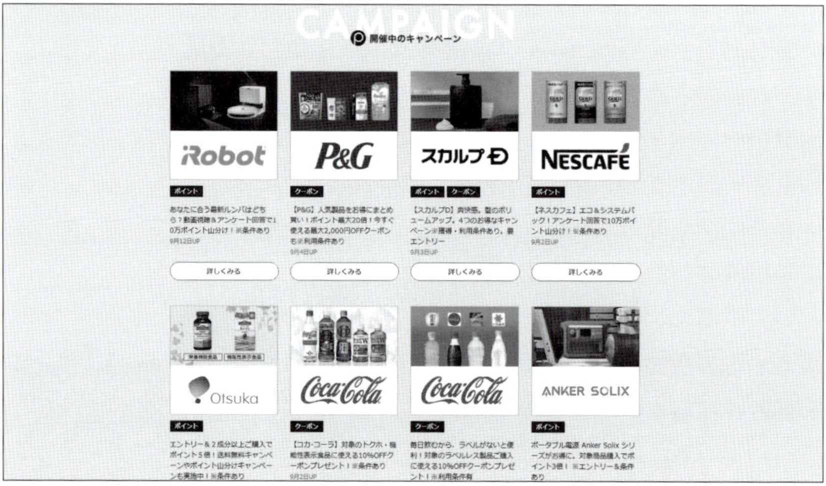

Showroom や Brand Gateway によって設置された特設ページが紹介されている。

　購入に結び付きやすいように、どちらの広告でもポイント倍増、クーポン配布などのキャンペーンを実施するケースが多い。広告の効果検証として、キャンペーンのエントリー状況、購入状況、お気に入り登録、リピート購入などに加えて、**過去の購入履歴をさかのぼり、同カテゴリの競合商品からの乗り換え、いわゆるブランドスイッチがあったかどうかも検証できる**など、広告の効果を多方面から検証できる。

　購入よりも**認知に主眼を置いた活用**もある。例えば、最近は2,000円から3,000円の高価格帯のシャンプーが発売されている。**価格の分だけ商品に特性があるのだが、実店舗では陳列スペースが限られているために、**

商品の魅力を十分に伝えられないという課題をメーカーは抱えている。そこで、ShowroomやBrand Gatewayを使って商品の特徴や効果、研究成果などを紹介することで、付加価値の高い商品であることを伝える。ECサイトでの販売が好調なら、実店舗での陳列スペースが増えるケースもあるので、メーカーにとって先にECサイトを使って認知を獲得することは有効な施策となる。

　これらの広告レポートについては、キャンペーンの目的やKPIによって設計する。認知であれば、広告の表示やエントリー参加者などにフォーカスして分析し、リピート購入であれば、購入後の行動を長い時間をかけて追跡することになる。

「リテールメディアでは、オンライン／オフラインに関わらず、**まずは顧客を理解して、需要を作るコンテンツを提供していくことが必要**です。オウンドメディアに限らず、ほかのプラットフォームを含めてユーザーがいる場所を見つけて、クロスメディアで買い忘れをお知らせしたり、その人の興味・関心に合う商品を伝えていくような活用をして、お買い物を楽しんでもらいたいと考えています」（春山氏）

1億以上の楽天会員の消費行動分析データ。利用されるたびに更新されていくのが強み

　楽天市場の広告で最も大きな強みは、**大量のデータを使った精緻なターゲティングができること、さらに効果測定についてもさまざまな指標を収集できること**だ。1億以上の楽天会員の消費行動分析データは他社の追随を許さない。

　楽天IDには、メールアドレス、氏名、生年月日、性別、住所などの基本属性が含まれている。さらに、楽天IDに紐付く形で、楽天市場の閲覧履歴、購入履歴、カテゴリごとの購入金額があり、年間の購買傾向などを把握することも可能だ。

加えて、70以上ある楽天のサービスのうち、「楽天トラベル」や「楽天GORA」には「どこにどれくらいの頻度で行くのか」という情報があり、楽天カードには楽天サービス以外での購買傾向、楽天モバイルには位置情報など、それぞれのサービスごとに各種情報を収集している。楽天市場の広告では基本的に楽天IDと楽天市場内の行動履歴を活用しているが、楽天IDの精度が高いことが、正確なターゲティングを可能にしている。

　一度登録したあとの情報は、ユーザーが楽天サービスを利用する中で自然と更新されていく。住所は購入した商品の配送先となるので、引っ越しをした際には更新を行う。金融系のサービスは、登録時に身分証明書の提出があるため、正確な氏名、性別、生年月日などの情報を確認できる。広告配信のために、正確な情報を得るためのコストをかけずとも、楽天のサービスを利用している中で正確なデータが集まり、情報の鮮度が高くなるのだ。

　楽天市場の行動についても、購入までの行動を細かく追跡できる。どのようなキーワードで検索したのか、どの商品と比較したのか、何をお気に入りに登録したのか、どのような広告を閲覧したのか、購入に至るまでの過程をすべて押さえられるのはオンラインならではだ。

　楽天IDをベースにしたデータはDMP[※4]に集約して、それをベースに広告のターゲティングに活用される。広告配信した結果、閲覧、クリック、購入などの行動を分析し、それをさらに広告配信の最適化につなげるというように、データをループさせていく。外部メディアに配信した場合でも、広告に関連する行動データ、コンバージョンなどのデータを収集し、同じように最適化のために活用していく。

※4　DMP:「Data Management Platform」の略。商品、売上、顧客などのデータを一元管理するためのプラットフォームのこと。

店舗を支えるECC、ブランドを支えるAIOの存在

　店舗が楽天市場で売上を上げたいとき、単に広告を出稿すればよいというわけではない。セールやシーズン、トレンドなどに加えて、店舗の状況を踏まえたプランニングが必要で、そのサポートをするのがECCである。

　ECCは1店舗につき1人が担当となり、店舗運営の支援を行う。そのうえで、広告を出稿するタイミングや予算、ターゲティングなどについてもアドバイスを行っている。それを受けて、店舗担当者が自分で広告管理ツールから設定を行う。広告の無駄打ちをさせないように支援を行うことで、高い成果を生み出している。

　また、ECCは店舗運営の悩み相談や課題解決も行う。仕入れや物流の課題、時には資金繰りの課題を聞き出しながら、楽天のソリューションなどを提案して店舗運営を支援していくのである。

　さらに、楽天タウンミーティングという取り組みもある。これはECCだけでなく経営幹部が47都道府県を回り、店舗と直接コミュニケーションを取ることを目的としたイベントだ。このイベントでは、楽天市場の戦略発表や地域の店舗が登壇する事例紹介、幹部への質問コーナーなどがある。そのあとにコンテンツ、物流、広告などの分科会が開催され、最後に懇親会があり店舗同士もコミュニケーションできるようにしている。店舗担当者と経営幹部が直接話ができる場所を作り、ECCだけではすくいきれない課題や要望などを含めて、交流を行っている。

　一方、ブランドについては、1ブランドにつき数名のチームがAIOとしてサポートする。楽天市場では、店舗運営、在庫管理、出荷などをすべて代行するフルフィルメントサービスを提供している。年単位の長期的な視点から計画を立てて運用するとともに、定期的に店舗の運営状況、品質、クレーム対応などについてレポートし、販売実績に合わせたキャンペーンの施策なども提案する。また、四半期単位でビジネスレ

ビューを行い、店舗運営状況を見ながら次の四半期の計画を練っていく。

楽天市場に店舗を出店していなくても、ブランドは広告を配信できるので、広告を配信している場合は、広告の目的に合わせたレポーティングを行っている。楽天IDをベースにしている楽天だからこそ、認知から購入までを一気通貫した広告配信が可能なので、人が集まる場所である楽天市場でのプロモーション効果が期待されている。

小売事業者をパートナーとして オフラインの購買行動を追跡する取り組み

楽天市場はオンラインだけではなく、**オフラインの取り組みも強化**している。ブランドには、オンライン／オフラインの双方を含めた効果を検証したいというニーズがある。そのニーズに対応するために生まれたのが、**楽天IDと小売事業者のPOSを連動させて、購買行動のトラッキングをする「Instore-Tracking」**である【図2-3-4】。

図2-3-4 Instore-Trackingを活用した購買行動のトラッキング

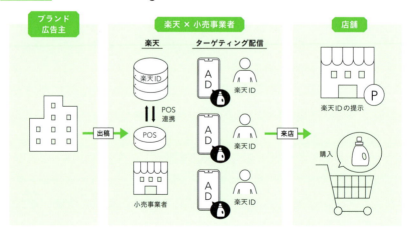

楽天IDや行動データをDMPに集約し、広告配信に活用する。広告配信の結果もDMPに蓄積し、さらに最適化を図る。

まず、楽天IDを使って広告の配信ターゲットを決める。例えば、シャンプーの広告を30代女性にYouTubeで配信する。ID-POSデータと連携することで、その広告を見たターゲットが店舗で購入したかどうかを楽天IDで計測できる。広告を配信するときに、広告を配信したグループと配信しないグループに分けて購入数の差を見ることで、広告によるリフトアップ効果を広告の貢献度合いとして評価できる。

また、「Rakuten Pasha」というアプリもオフラインの購買行動の把握に貢献している。Rakuten Pashaからクーポンを入手して、提携する加盟店で対象商品を購入するときに楽天ポイントカードを提示すれば、ポイントを獲得できる。加盟店以外で購入した場合は、Rakuten Pashaでレシートの写真を撮影して送信すれば、同じくポイントを獲得できる【図2-3-5】。

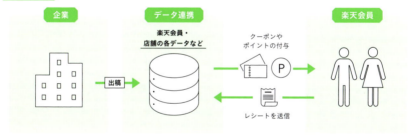

図2-3-5 Rakuten Pashaを活用したOmni-Commerce

楽天IDまたはレシートを活用して実店舗での購入を追跡できる。

さらに、Rakuten Pashaを活用したOmni-Commerceの施策は、新規顧客の獲得にも活用できる。例えば、新商品として500円のヨーグルトを販売する場合、普段は100円のヨーグルトを購入している人からすると手が出しにくいが、100円割引のクーポンを配布すれば試してみる人もいるだろう。このように初回購入のきっかけを作り、メーカーが抱える新規顧客獲得の課題解決にも役立つのだ。

その他の施策としては、AIカメラを搭載したデジタルサイネージの実証実験を行っている。北海道大学発のベンチャーであるAWL株式会社

のソリューションを活用したもので、スーパーマーケットやドラッグストアなどと協力し、実施した。店舗内にサイネージを設置して視聴者の属性を判別するほか、クイズに答えると楽天ポイントが付与されるキャンペーンも実施し、購買行動への影響を検証している。

オフラインの施策は効果が見えにくい。長期的な視点で価値を示せるかが課題

楽天市場での取り組みを紹介してきたが、春山氏はこうした施策を行う中で、**ユーザーがすぐには反応しないという課題**も感じているという。一方で、1回で反応しなくても、**何度か接触することで期待通りの効果が上がる**ことがデータで示されている。広告運用では、データとじっくり向き合いながら効果検証を行う必要があるが、同時に誰でも簡単に運用できる仕組みを整えることが求められると話す。

また、林氏はオフラインの取り組みについて、ECサイトほどわかりやすく効果が表れるわけではないと指摘する。そのため、メーカーでもリテールメディアの施策を担当すべきなのが営業部なのか、宣伝部なのかといった明確な答えがなく、体制が整っていないケースが多いという実情を打ち明けた。

「ECサイトは"広告を見て売れた"ということがわかるので投資しやすいですし、**日本はEC化率がまだ低いため、対前年比率を上げやすい**という土台もあります。しかし、実店舗の場合は、前年度比の売上を簡単に伸ばせるわけではありません。ECサイトほど費用対効果がわかりやすく表れないため、メーカー、小売事業者、ユーザーにそれ以外の価値を見いだしてもらえるかは、これからにかかっています」(林氏)

Rakuten Pashaを活用したOmni-Commerceの場合は、成果報酬型なので費用対効果がわかりやすいが、デジタルサイネージの場合は、単価の低い商品の売上が10％上がっても費用対効果としては合わないと判

断されることがある。そのあとの **リピート購入やLTV などが高まれば効果を説明できるが、そのためにはより多くの検証が必要になる。**

　春山氏は最近の変化として、Showroomなどの広告プロダクトに加え、大手ブランドがフルフィルメントで楽天市場に店舗を出すケースが増えていると話す。また、安心してショッピングができる場所としての楽天市場の認知が広がってきているといい、次のように展望を語った。

　「楽天市場がブランドの方々にとって、認知獲得などのファネル上部で有効なチャネルとして位置付けられるようになることが、私たちのチャレンジだと考えています。楽天市場がブランドの世界観を伝えていく場所になり、メーカーのみなさんにとって、明日の売上の最大化につながるプラットフォームになることを目指しています」(春山氏)

　最後に、リテールメディアに取り組む小売事業者とメーカーに向けたメッセージを両氏からいただいた。

　「日本のインターネット広告費は3兆3,330億円[※5]まで成長しましたが、まだ少ないと考えています。デジタルマーケティングへの投資はもっと行われていくべきで、私たちも新しい取り組みを提案しながら、より多くのブランドの方々に楽天市場でチャレンジしていただきたいと考えています。一方、小売事業者のみなさんは協業するパートナーとして、共にリテールメディアを盛り上げていきたいと思います」(春山氏)

　「現状、広告費は"コスト"と認識されており、景気が悪くなると削減されてしまいます。しかし、広告に正しく投資すれば売上は上がります。デジタルであれば、その費用対効果はわかりやすいですし、オフラインの購入とも結び付けば、投資とみなされるようになるでしょう。新規ユーザーやファンの獲得には投資をするべきで、投資の確度が高ければ、広告費はもはや"原価"になります。そのような世界観を、小売事業者やメーカーのみなさんと共に作っていきたいです」(林氏)

※5　出典：2023年 日本の広告費（2024年2月、電通）

2-4 イオンリテール
田中香織氏（営業企画本部 デジタル企画部長）

アプリとリテールメディア連携による顧客体験の向上を目指す

> イオンリテール株式会社は、東北地方を除く本州と四国で「イオン」や「イオンスタイル」など367店舗（2024年2月末現在）を展開。「イオンお買物アプリ」を活用したリテールメディア戦略について、田中氏にお話を伺った。

リテールメディアの核となる「イオンお買物アプリ」

　田中香織氏が部長を務めるデジタル企画部は、**顧客ロイヤリティーの向上を目指して「イオンお買物アプリ」やサイネージなどを活用した情報発信やマーケティング活動を行っている**。リテールメディアについても、顧客ロイヤリティー向上施策の一環として、デジタル企画部にて事業の立ち上げ、推進を担う。デジタル企画部には大きく以下の3つのチームがある。

* リテールメディア推進グループ
　リテールメディアのチームであり、商品部と共にメーカーとの商談にあたり、メーカーが持つ課題の解決に取り組む。
* アプリ開発グループ
　アプリの要件定義や開発管理、アップデート、データインフラの保守や運用を担う。
* アプリ運用グループ
　店舗と連携して、キャンペーン施策を実施するための企画やオペレーションの整備などの調整、クーポンやコンテンツの管理運営を行う。

顧客ロイヤリティー向上のためのマーケティング施策の中心であるイオンお買物アプリは、2017年にリリースし、2024年8月現在で約1,200万人の会員が利用している。イオンお買物アプリでは、**チラシやクーポン、キャンペーン、商品情報など、顧客がお得に買い物ができるような情報を発信**している。

　クーポンやキャンペーンはリテールメディア事業の一環として、メーカーが出稿する形で配信している。特にクーポンの効果は絶大で、配信前と配信後を比較すると約188％の購買リフト[※1]があり、毎週150万件以上利用されている。キャンペーンはメーカーや商品、季節に合わせてさまざまな企画を用意している。例えば、新商品の無料クーポンが当たるキャンペーンでは、およそ100万人の応募があるという。**メーカーにとっては新商品の認知を獲得でき、顧客は無料クーポンというインセンティブが得られるので、双方にメリットがある。**

　イオンお買物アプリは、企画当初からマーケティング活用を主眼に置いて設計している。メーカーの要望に合わせて、顧客の期待する商品情報やお得に買い物ができるクーポンやキャンペーンを広告として配信できるような仕組みを用意し、アプリで収益化することを目指しており、この**アプリマーケティングとリテールメディアは表裏一体の取り組み**となっている。

イオンお買物アプリを起点として会員データと購買データを紐付け

　アプリを活用したリテールメディアの取り組みにあたっては、データ基盤の構築が重要になる。イオンお買物アプリではアプリ会員IDに紐付ける形で、購入日時、購入場所、購入商品、購入点数、金額、支払い方法、クーポンの利用の有無など、レシートに記載されている情報はすべて

※1　2024年3月〜8月に実施した円引きクーポンの平均実績。

GoogleのBigQuery[※2]に蓄積するようになっている。購買データに限らず、アプリの閲覧、タップやスワイプなどのアプリ内の行動データ、会員属性データ、ビーコンデータも蓄積されている。また、ECサイトやネットスーパーのID統合を進めており、オンラインでの買い物のデータも連動しつつある状況だ。

　メーカーの要望に応じて、過去の購入履歴や購入頻度、併買商品、クーポン利用などのデータを活用して、精密なターゲティングを行っている。顧客から見れば、イオンお買物アプリに自分が欲しい商品や関心の高い商品の情報が届くので、こまめにチェックする動機付けになるだろう。セグメント分けやクーポンの配信には、MAツールを使って1to1マーケティングを実現している。

　広告の配信については、外部メディアを活用することも可能だ。例えば、特定の商品を過去に購入したユーザーに向けて、メーカーの広告をYouTubeで配信し、イオンお買物アプリにクーポンが配信されていることを認知させる。来店時にはサイネージでも情報を配信し、店舗での気付きにつなげる。顧客が商品をカートに入れ、クーポンを使用して支払いをすると、購入後にお礼のメッセージを配信する。その後は同一商品、あるいは関連する商品のクーポンを配信し、リピート購入や併せ買いを促せる。**クーポン利用後から長期間にわたって追跡し、その顧客のLTVを計測**している。

　「顧客ロイヤリティーを高める施策を実施できる仕組み作りを目的に、データ基盤を構築しました。お客様は自分に関係のある情報を受け取りたいと考えているので、購買データやアプリの行動データを掛け合わせて、お客様に合わせた情報を最適なタイミングとチャネルでお届けすることを目指しています。一般的に広告はノイズと捉えられますが、**パーソナライズされた情報であれば、広告であっても広告と感じられずに、**

※2　BigQuery：大量のデータを管理・分析できるデータベース（データウェアハウス）サービス。

お客様の期待に合わせて届けることができます。そしてこの仕組みは、購入する可能性の高いお客様にダイレクトに情報を届けたいというメーカーのみなさんの課題解決に役立ちます」（田中氏）

イオンお買物アプリの開発とデータ基盤の構築を併せて行ったことで、リテールメディアとしての活用が可能になっている。今後は、さらに高度なデータ活用を検討しており、AIを活用したレコメンドやターゲティングなども視野に入れているという。

イオンお買物アプリの新規会員の獲得は、デジタル企画部のアプリ運用グループの役割でもある。会員の獲得にあたっては、店舗でアプリのクーポンやキャンペーンを告知するといった地道な活動が功を奏している。ほかにも、デジタル広告の配信やECサイトなどからの獲得もあるという。会員数が増えることでリテールメディアの価値が高まり、メーカーからの広告出稿が増加する。この結果、メーカーはターゲットに合った広告を効果的に展開できるため、リピート顧客の増加にも期待できる。

クーポン利用者に さらなるキャンペーンをお知らせする

イオンリテールでは、外部の広告媒体、アプリ内、クーポン、プッシュ通知、店舗内のサイネージなどを組み合わせて、認知段階、興味関心段階、検討・購入段階、リピート購入まで、カスタマージャーニー全体をカバーする効果的なフルファネルマーケティングが可能である。

リテールメディアを活用したキャンペーンの例として、顧客の行動やタイミングに合わせた柔軟な情報配信ができることが挙げられる。例えば、ヨーグルトを商材にしたキャンペーンをイメージすると、まず来店前にYouTubeでヨーグルトの広告を配信し、商品を認知させる。さらに、イオンお買物アプリでクーポンを配信して来店を促進する。

来店時には、店内のサイネージでキャンペーンを告知すると共に、ビーコンが反応して顧客のスマートフォンにプッシュ通知を送信し、クーポンの存在を再度知らせる。こうした段階的なアプローチにより、キャンペーンの告知効果を最大化できる。

　顧客がクーポンを利用してヨーグルトを購入すると、「対象のヨーグルトを5つ購入すると新フレーバーのヨーグルトを1つプレゼント」という追加キャンペーンを配信する。加えて、すでに3つ購入している場合は「あと2つ購入でプレゼント」というリマインダーをアプリに送る。このように顧客ごとにパーソナライズした情報を発信し、購入を促進できるのである。

「レジゴー」アプリを利用しておすすめ商品をレコメンドする

　今後、強化していきたい活用方法として、「レジゴー」を活用したキャンペーンがある。レジゴーとは、**バーコードのスキャンができるスマートフォンアプリ**だ。ユーザーは買い物をしながらスマホで商品のスキャンができるため、レジの待ち時間を短縮できる。会計は専用の精算機で行う仕組みだ。

　顧客が来店する前には、YouTubeで広告を配信したり、イオンお買物アプリにクーポンを配信したりする。顧客が来店してレジゴーでスキャンをしているときに、スキャンした商品に合わせておすすめの商品やキャンペーンの情報が送られてくる。例えば、お菓子を買った際に、あともう1つ購入するとキャンペーンに応募できるといったレコメンドや、おにぎりを購入した人に新商品の麦茶を紹介するなどといった施策が可能だ。**【図2-4-1】。顧客が売場で商品を選んでいる、まさにそのモーメントに訴求できるため、非常に効果が期待できる**と田中氏は話す。

図2-4-1 レジゴーでスキャンした商品に合わせて情報を配信

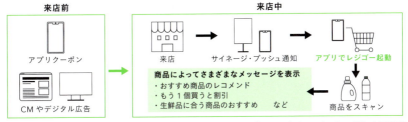

レジゴーは、買い物をする商品に合わせてレコメンドやクーポンのお知らせができ、新たな顧客体験を提供する。

イオンお買物アプリを顧客目線で一新。顧客がアプリを開く楽しみを提供する

イオンお買物アプリは、**来店前にチェックされることが多い**と田中氏は話す。

「イオンお買物アプリには、1カ月でおよそ300のクーポン企画が用意されています。お客様はクーポンを楽しみにしていて、来店前にアプリを開いてクーポンをチェックしたり、特売のチラシを見たりして、買い物の計画を立てています。ほかにも、スプラッシュバナーを活用しています。スプラッシュバナーはアプリ起動時などに表示される広告なので、そこに配信することで、お客様もクーポンや特売情報を見逃さずにチェックできます。また、広告の効果も高くて好評です」（田中氏）

なお、イオンお買物アプリは2024年10月にリニューアルを予定している。新機能として「見つける」という機能があり、過去に購入経験がある商品で、今クーポンが提供されている商品のレコメンドを表示できる。また、例えば「秋のトラベル特集」のようにテーマに沿った商品を訴求し、買い物の予定に加えてもらうことも可能だ。さらに「買うかもリスト」という機能も追加しており、お気に入り商品を登録したり買い物リストを作成できたりと、ユーザーの利用体験を考慮して、店内での買い物が効率的かつ楽しくなる設計になっている。

リテールメディアのアプリが起動される頻度やタイミングは、リテールメディア全体の課題の1つである。イオンお買物アプリでは、**買い物前にも買いたい商品を想起してもらえるよう商品情報を豊富にすると共に、クーポンやキャンペーンを展開していくことでユーザーがアプリを開く楽しみを提供し、今後も価値を向上させたい**という。

メーカー各社の理解を得るために、取り組みを案内する説明会を実施

　広告主となるメーカーとのコミュニケーションにおいては、**取引先のメーカーに向けて、イオンリテールの営業・デジタルの責任者や商品本部長から、イオンお買物アプリについて紹介をする説明会の場を設けた**。イオンリテールとしてイオンお買物アプリに注力していくこと、メーカーが安心して出稿できることを伝え、認知と理解を得た。

　その後は、リテールメディア推進グループが商品部とともに、メーカーの宣伝部や広域営業部に対して個別に説明をしている。**営業チームがマーケティングの視点を、商品が販売の視点を持って、メーカーとコミュニケーションする**形だ。

　そして広告媒体の販売にあたっては、アドインテ、サイバーエージェント、電通、博報堂といった広告代理店とも協業し、販路を拡大している。さらに、サイネージはイオンリテールのみならず、イオン北海道やイオン九州などとも連携し、全国で配信できるように進めている。

　メーカーからは、保有しているファーストパーティデータ＝アプリ会員データのボリュームや質、ターゲティングの精度などについて質問を受けることが多い。メーカーが望むセグメントでの配信や、リーチや購入を最大化させるための最適化など、デジタル広告として求められる要件は、ほかのプラットフォームと同様に対応できるようになっている。そのうえで、さらに顧客のロイヤリティーを向上させつつ、メーカーの

価値を伝えていくための施策を提案している。

「メーカーの担当者の方々とは、お客様のロイヤリティーを高めるためにどのような価値を提供できるのか、単発ではなく年間を通してどのような施策ができるかという観点から企画を練っています。メーカーの視点でご意見をいただきながら、パートナーとして一緒に考えています」(田中氏)

広告配信後の分析においては、広告配信の目的やメーカーの要望に応じて、購買リフトや他メーカーからのスイッチング、LTVなどの配信レポートを提供している。デジタル広告のレポートとして一般的なインプレッション、フリークエンシー、クリック、クリック率、獲得単価などはもちろん、リテールメディアならではの数値として、広告接触者／非接触者での購入数や購入した金額なども報告している。

新規顧客獲得のキャンペーンであれば、1回目の購入後から時間をかけてその後のリピート購入までを追跡し、ロイヤリティーにつながっているのかを検証することもある。

メーカーによっては、そのカテゴリが新規を獲得して拡大したのかどうかを数値で検証したいというニーズがある。単に、同じカテゴリ内のブランドAからブランドBに移っただけでは、カテゴリは成長していないという判断になるが、カテゴリの新規顧客が増えているのであれば、カテゴリそのものの成長が見込めると田中氏は考える。

「メーカーの各社様によって取り組みたい課題が異なるので、その課題を施策でどう解決するかを考え、レポーティングでもその成果が見えるようにしています」(田中氏)

始まったばかりのリテールメディア。
ロイヤリティー向上の施策として強化したい

リテールメディアの効果として、当初の目的通り、顧客ロイヤリティーの向上を感じているという。それは**広告の非接触者と接触者を比**

較すると、接触者のほうが**顧客ロイヤリティーが高まっている**ことからうかがえる。広告であっても、顧客にとって価値ある情報を提供できればロイヤリティー向上につながると可視化できたことは大きい。

　また、短期的な施策だけではなく、**年間を通してロイヤリティーを向上させる施策に対して、メーカーの賛同者が多い**ことが励みになっている。商品の販売戦略においては売場が最も強いといわれているが、実際に売場と連動させて施策を実施することで、売上に直結する成果が出ている。さらに、店頭・アプリのみならず、ネットスーパーやECサイトにおいてもロイヤリティー向上および、リテールメディアの推進を進めている。今後、日本のリテールメディアにおいても売場との連動が鍵になると田中氏は予想している。

　一方で、課題として感じていることは、リテールメディアの取り組みが小売事業者各社で始まったばかりの段階でもあるため、メーカーに対してリテールメディアの活用方法を案内しきれていないことである。この理由として、田中氏はメーカーのニーズを捉えた実験の回数がまだ不足していることを想定している。イオンお買物アプリとリテールメディアを使ったフルファネルの実験で、メーカーの希望する施策をすべて実施できた事例は増えているが、各社のニーズに向き合いながら施策を実施するまでには、どうしても時間がかかるという。

　顧客に対しては、パーソナライズされた関連性の高い情報を提供することで、購買意欲を高められることがわかっている。施策によって、特定の商品のカテゴリの売上を大幅に向上させたケースもあり、リテールメディアの効果的な使い所がわかってきたという。一方で、顧客がノイズに感じることなく情報を受け入れてもらうためには、さらなる工夫が必要だと考えており、その解決策の1つになるのが**AIの活用とリアルタイムデータ分析によるより精緻なターゲティング**である。

　イオンリテールでは、あらゆる顧客接点を強化することと、顧客が価値を感じる情報の提供を通して、ロイヤリティー向上を目指すという姿

勢は今後も変わらない。顧客ロイヤリティーを向上させるには、イオンリテールが持つ豊富なデータを活用するだけでなく、メーカーと一緒に考えながら施策を実施していかなければならない。同時に、顧客のプライバシーを尊重した透明性の高いコミュニケーションも目指している。

　最後に、これからリテールメディアに取り組む小売事業者、広告の出稿を検討しているメーカーへのメッセージを聞いた。

「これからリテールメディアに取り組む小売事業者のみなさんは、一緒に取り組む仲間、同志と捉えています。国内のリテールメディアは、まだ成熟している事業ではないので、一緒にリテールメディアを盛り上げていきたいと思っています。

　メーカーのみなさんも、共に取り組むパートナーです。私たち小売事業者が広告収益を得るだけの手段とは捉えておらず、お客様にとってメリットがあるか、商品や体験の価値をお伝えできているか、ロイヤリティー向上につながるかを第一に考えて、メーカーのみなさんと一緒に取り組んでいきたいと思っています。また、店頭購買データやアプリ行動データを活用したパーソナライズされた分析と精緻なターゲティングを行うことで、お客様に対して欲しかった商品の情報やインセンティブを提供したいと考えています。売場だけでは伝えきれない商品を「知る・楽しむ」ための情報や体験を、広告やイオンお買物アプリを通してどのように伝え、メーカーの好意形成につなげていくかも一緒に考えていきたいです。

　すでに一緒に取り組む中で『こういうところはリテールのダメなところだ』と、メーカーのみなさんの立場から正直な気持ちを伝えていただくこともあり、大変ありがたいと感じています。リテールメディアをよりよくしていくために、さまざまな要望や意見を踏まえて、効果を最大化できるようにしていきたいと考えています。また、こうした取り組みによって、お客様には毎日の生活の中で、これまで知らなかった商品や便利さ・楽しさとの出会いを提供できるようにしたいと思っています」（田中氏）

2-5 トレードデスク（The Trade Desk）

台湾とシンガポールでの
リテールメディアの最新事例

> トレードデスクは米国のカリフォルニア州を拠点とする企業で、テクノロジーを駆使しながらマーケター向けの広告配信プラットフォームを展開している。同社の取り組みは米国に留まらず、アジア圏を含む世界各地にも広がっている。

マーケター向け広告配信プラットフォームを展開するアドテクノロジー企業

　トレードデスクは2009年に米国で創業し、マーケター向けのデマンドサイドプラットフォーム（DSP）を提供している企業だ。イギリス、ドイツ、シンガポール、オーストラリアなど26の拠点を持ち、2014年には日本法人も設立されている。

　DSPを経由することで、マーケターは複数の広告媒体に対して広告枠の購入・管理・最適化を効率化できる。トレードデスクのDSPは、業界トップクラスのデータ活用と透明性の高い広告取引やレポートの提供によって広告効果の最大化を支援するほか、AIを活用した最適化やクロスデバイス対応といった高度な機能も充実しているのが特徴だ。

　本節では海外のリテールデータについて、トレードデスクを活用したアジア圏での事例を2つ紹介する。なお、アドインテとトレードデスクは、日本におけるリテールメディアの展開において提携関係にあり、相互協力のもと推進を行っている。日頃から情報交換を密にしており、最新の動向について共有する間柄だ。

ユニリーバ（台湾）：フードデリバリーサービスのデータ活用で新規顧客を獲得

　まず紹介するのは、世界最大級の消費財メーカーの1つであるユニリーバの事例だ。グローバルでは「クノール」ブランドも同社の傘下となるが、台湾市場でクノールの新商品である調理用ソースを発売するにあたり、リテールメディアを活用したキャンペーンを展開した。

　活用したリテールデータソリューションは、アジアを中心に展開するフードデリバリーサービス「foodpanda」（フードパンダ）である。foodpandaでは一般消費者に向けたフードデリバリーサービスを提供しており、飲食店のメニューに限らず、小売店との提携により調味料や飲料、日用品などの一部の商品のピックアップとデリバリーにも対応している。

　ユーザーはfoodpandaのアプリから商品をカートに追加して注文を行い、配達を依頼できる。アジアにおいて台湾を含む11カ国の市場で数百万人のユーザーにサービスを提供しており、強力な存在感とマーケットシェアを持っている。

　ユニリーバは、トレードデスクとfoodpandaのパートナーシップによる、リテールデータソリューションを活用したキャンペーンを実施した。この施策の主眼は、新商品の調理用ソースの認知度向上と新規顧客の獲得である【図2-5-1】。加えて、広告露出が実際の購買行動に結び付いたかの検証も目的に含まれていた。

図2-5-1　クノール新商品の広告クリエイティブ

台湾のfoodpandaのリテールメディアを活用したクリエイティブ例。

実施した施策と結果

　新商品の調理用ソースのキャンペーンとして、オープンインターネット上でのディスプレイ広告配信を行った。オープンインターネットとは、Google、AmazonやMetaなど、特定の大手テクノロジー企業やプラットフォームが管理する閉じたネットワークではなく、新聞社や企業などが運営するWebメディアやブログサイト、インターネットに接続したコネクテッドTVなど、誰もがアクセスできる開かれたインターネットのことを指す。**より広範囲なユーザーにリーチするためにオープンインターネットでの配信を選択した。**トレードデスクのDSPで広告キャンペーンを実施し、ディスプレイ広告やパートナーのマーケットプレイスを利用した。

　広告配信にあたっては、トレードデスクのパートナーである**foodpandaが持つ顧客データからターゲティング**した。例えば、過去の生鮮食品購入者、過去の消費者向けパッケージ商品購入者、アクティブなfoodpandaサブスクライバーなどである。加えて、**ユニリーバが所有するファーストパーティデータを使用して、トレードデスクのプラットフォームに類似オーディエンスを作成し、既存顧客と類似したユーザーをターゲットに設定**した。

　配信にあたっては、リアルタイムの効果測定と、人力またはAIによる最適化を行って効果を最大化した。トレードデスクにfoodpandaのリアルタイムの売上データが送信されるので、実際に購入に結び付いているかどうかを確認しながら広告の効果を検証することができる。

　この施策の結果、広告表示回数が1,290万回を超え、当初の目標値である750万回よりも70％以上多くのインプレッションを達成した。そして、商品のカート追加率はキャンペーン前と比較して229％に増加、コンバージョンは81％増加した。さらに、注目すべきは**商品を購入した**

人の**87%がクノールの新規購入者**だったことである。

　この結果から得られたインサイトの1つとして、効果的な広告表示回数の特定がある。キャンペーン期間中に広告を目にしたユーザーの平均表示回数は約8回だったのに対し、コンバージョンに至ったクノール購入者は約9.5回であった。これは、既存の購入者が**コンバージョンするにはより多くのインプレッションが必要である**ことを示している。

　そして、foodpandaのオーディエンスセグメントデータを利用することで、より多くの購入が期待され、より低いCPA[※1]を実現しながら購入目標を上回ったことから、オーディエンスセグメンテーションによるリテールデータ活用の有効性を証明した。

　このキャンペーンを通じて、ユニリーバは新規顧客の獲得に成功し、同時に広告効果を具体的な販売数字で測定することができた。これにより、今後のマーケティング戦略をより効果的にプランニングできるようになった。

コカ・コーラ（シンガポール）：オンライン／オフラインの広告効果を測定

　アジア圏におけるもう1つの事例として、コカ・コーラを紹介したい。世界で最も認知度の高いブランドの1つであり、常に広告手法の革新を追求している同社は、シンガポールにおいてトレードデスクと提携し、リテールデータおよび効果測定ソリューションを活用したキャンペーンを実施した。

　同社はこれまで、顧客が商品やサービスに対する認知や興味を持つ最初の段階であるアッパーファネルのキャンペーンに注力していた。シンガポールで実施したキャンペーンでは、**すでに興味を持っているユー**

※1　CPA：「Cost Per Action」の略。1回のアクション（商品購入など）を得るためにかかった費用を指す。

ザーや既存顧客など、ローワーファネルに向けたキャンペーンを実施した【図2-5-2】。

このキャンペーンでは売上増加を目的とした。そのうえで、オンラインとオフラインを含めた広告効果による正確な売上への影響を測定することを目指した。

図2-5-2 コカ・コーラの広告クリエイティブのイメージ

シンガポールのFairPrice GroupのリテールメディアをM活用したクリエイティブのイメージ。

利用したのは、シンガポール最大のスーパーマーケットチェーンを運営する「FairPrice Group」(フェアプライス グループ)のリテールデータである。FairPriceは、食料品、日用品、衣料品、家庭用品など、生活に必要なほぼすべてのカテゴリの商品を取り扱っている。シンガポール国内で570以上の店舗を運営し、シンガポールの世帯の90%以上へのリーチを有している。

実施した施策と結果

施策では、FairPrice Groupの購買データを活用し、過去1〜3カ月間にコカ・コーラの商品を購入したFairPriceの顧客をターゲティングした。また、ホリデーシーズンにあたる旧正月にコカ・コーラを購入した

人もターゲットとして、カスタムオーディエンスを作成した。これらのターゲットに対して、トレードデスクのプラットフォームを活用して広告配信を行った。

キャンペーンではディスプレイ広告を活用し、FairPriceの顧客セグメントに配信した。その際、オンラインとオフラインの売上に対するキャンペーンの正確な計測ができるようにした。ここでは、顧客がコカ・コーラのディスプレイ広告をクリックし、FairPriceのWebサイトやアプリを介してオンラインまたは店舗で購入すると、トレードデスクのプラットフォームにコンバージョンが記録されるという仕組みを採用している。

セールスコンバージョンデータは毎日プラットフォームに記録されるため、コカ・コーラのマーケティングチームは異なる戦略、デバイス、クリエイティブ、オーディエンス、商品間でのキャンペーン効果をほぼリアルタイムで測定・追跡することができた。

キャンペーンの期間中、成果の高いニュースやライフスタイルのメディアを特定し、クロスデバイスターゲティング[※2]を使用して複数のタッチポイントでユーザーにリーチし、広告費の最適化を行った。

キャンペーンの結果、キャンペーン期間中の売上が通常時の189％に増加した。また、このキャンペーンでは、**最初の広告露出から購入に至るまでの平均コンバージョン時間が12時間という圧倒的な短さで顧客が動いた**ことがわかっている。

そして、コカ・コーラのマーケティングチームは、このキャンペーンで使用されたサイトおよびアプリのオーディエンスエンゲージメント指標や、初回購入者とリピート購入者のカート値（購入合計金額）、クリエイティブのコンバージョン時間といった、より深いインサイトを獲得できたことに感銘を受けたという。

※2 クロスデバイスターゲティング：1人のユーザーがスマートフォンやパソコンなどの複数デバイスを横断した場合でも、ユーザー行動を追跡できる技術のこと。

トレードデスクが考える、リテールデータの可能性と戦略的パートナーシップ

　トレードデスクも、リテールデータの可能性について、第1章でも述べた「小売事業者が持つオフライン／オンラインすべての顧客とのタッチポイント」が重要であると考えている。例えば、コカ・コーラの事例における**オンラインの広告とオフラインの購買データの連携は、実店舗とECサイトの両方で強いプレゼンスを持つ日本の小売事業者にとって特に有効であり、全チャネルでの顧客体験の最適化につながる**といえる。

　そして、オンライン／オフラインの統合に際して重要になるのが、トレードデスクとの戦略的パートナーシップである。ユニリーバとfoodpanda、コカ・コーラとFairPrice Groupの事例のように、日本市場においても、広告プラットフォーム事業者と小売事業者がテクノロジーパートナー、およびデマンドパートナーとしての協力的かつ戦略的な関係を構築することが、リテールメディアを効果的に活用する点で非常に重要であると考えている。

第 3 章

顧客への「価値伝達」が鍵を握る
——メーカーの先進事例

日本有数の商品やブランドを提供するメーカー各社も、リテールメディアの施策に取り組んでいます。店舗やアプリ、デジタル広告を活用したさまざまな事例を見ていきましょう。

3-1 味の素
木本雄一朗氏（コミュニケーションデザイン部 企画グループ グループ長）

新規顧客獲得単価を重視する広告のクリエイティブ

> 1909年に世界初のうま味調味料「味の素」を発売した味の素株式会社は、「ほんだし」や「Cook Do」などの人気ブランドも展開している。顧客理解のための効率的なマーケティングについて、木本氏にお話を伺った。

競争の激しい食品カテゴリにおいても顧客に寄り添う情報発信ができる

　味の素がリテールメディアに関心を持ち始めたのは、北米でリテールメディアが注目され、ウォルマートなどの事例が話題になり始めた2019年頃からだ。「日本でも少しずつリテールメディアの取り組みが始まっており、味の素としても活用することになりました」と、同社マーケティングデザインセンター コミュニケーションデザイン部 企画グループ グループ長の木本氏は話す。

　木本氏は2004年から2012年まで、化粧品ブランド「JINO」の通信販売を担当していた。通販では、いつ、どのような人が、何を、いくつ購入したのかがすべてデータで蓄積されるため、顧客に対する解像度が高い。しかし、「ほんだし」「Cook Do」などの調味料や食品は、問屋を介して小売事業者に販売されるため、最終的な顧客との距離が遠く、自分たちの商品が誰に、どう売れているのかといった、リアルな顧客像を把握する術がなかった。小売事業者とコミュニケーションを取ってはいたものの、データによる把握まではできていなかったのだ。

　リテールメディアの活用により、まずは小売の現場で顧客の購買行動

を把握し、顧客理解が進めば、より効率的かつ効果的なマーケティング活動ができるだけでなく、**顧客や小売事業者に対する提供価値を増やす**ことにつながると感じたと木本氏は話す。

味の素では、リテールメディアとは、**小売事業者が保有している購買データを活用してデジタル上で広告を配信し、店舗での購入への影響を計測できる媒体**として捉えている。そのため、ECサイトでの売上などについては、現状ではリテールメディアの範囲外としている。

木本氏が社内に伝えているリテールメディアのメリットは、**自社、小売事業者、問屋、顧客との関係を築ける**点だ。特に**顧客への情報提供**に期待がある。

食品カテゴリは単価が低く、競合となる商品が多い。味の素は商品に自信を持って販売しているが、競合他社も同様におしさを追求して商品を開発する中で、本当に味の素が圧倒的においしいのか、顧客が認識できるほどの違いがあるかというと、簡単に答えることはできないという。

そこで、リテールメディアを活用することで、**価格や味以外の差別化となる要素を伝えられる可能性**を木本氏は感じている。リテールメディアでは、購買データを使って顧客が何を求めているのかを分析し、その気持ちに寄り添った広告を出稿できるため、顧客にとっても味の素にとっても「Win-Win」になると考えたのだ。

食への「脳内シェア」を上げるための新しいコミュニケーションを考える

味の素でリテールメディアを主に担当しているのは、マーケティングデザインセンターだ。広告出稿に関係する業務については、デジタル広告のリテラシーがある、マーケティングデザインセンター内の部門の1つであるコミュニケーションデザイン部が主体的に取り組んでいる。

マーケティングデザインセンターは、2023年4月に発足した新しい組織であり、大きく3つの部門がある。1つ目はD2C部門で、自分たちで商品開発をして自社のECサイトや楽天市場、AmazonなどのECモールで商品を顧客に直接販売する部門だ。2つ目は、ECサイトも含めて顧客とのコミュニケーションを担当するコミュニケーションデザイン部で、以前は広告部だった組織である。そして3つ目は、生活者のデータ分析を担うマーケティング開発部だ。この3部門が連携して、新しいビジネスや商品開発をスピーディーに行えるようにしていく。

　新組織になった背景には、商品がコモディティ化して差別化が難しくなっているのと同時に、**顧客の頭の中で食に関する「脳内シェア」（興味・関心の割合）が低下している**という危機感があったからだ【図3-1-1】。以前は食の脳内シェアが一定の割合を占めていたが、デジタルの情報洪水の中で食以外への関心が増えた分、脳内シェアが下がり、同時に支出も下がってしまっているのだ。

図3-1-1　脳内シェアの過去と現在のイメージ

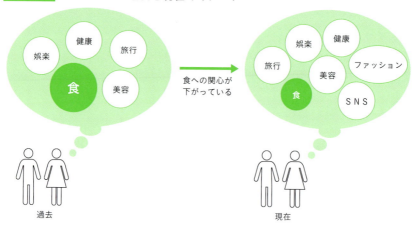

過去に比べて関心事が増えて、食の脳内シェアが下がっている。

マーケティングデザインセンターには、食の脳内シェアを増やすことを目的にさまざまな活動を行って、味の素全体を元気にしていくというミッションがある。コミュニケーションデザイン部の活動テーマの1つがコミュニケーション開発であり、「ほんだし」や「Cook Do」の事業部に新しい考え方をインプットして、これまで行ってこなかった活動を始めている。その1つの施策がリテールメディアであった。

広告配信の結果をもとに今まで見落としていた顧客のニーズをつかみたい

　味の素が実施したい施策は**購買データを活用した広告出稿**であるため、その仕組みが整っている小売事業者のリテールメディアを活用することになった。2022年頃から購買データを持っている小売事業者、あるいは自社以外の購買データも活用できる代理店と交渉を行い、トライアルとして広告を配信したり、意見交換をしたりしている。

　その活動の1つが、アドインテ、ツルハドラッグと共に取り組んだ「お塩控えめの・ほんだし」（減塩ほんだし）のGoogleアドネットワークへの広告出稿である。味の素グループは「アミノサイエンスで人・社会・地球のWell-beingに貢献する」という「志」（パーパス）を掲げており、2030年までに10億人の健康寿命を延伸し、環境負荷を50％削減するという目標を掲げている。健康寿命の延伸への回答の1つが減塩であり、さまざまな商品で減塩バージョンを開発・販売している。

　木本氏は長く通販事業に携わってきた経験から、複数の広告パターンを用意して各クリエイティブの新規顧客獲得単価を定量的に検証していけば、セグメントごとに訴求力の高いクリエイティブを発見でき、より顧客に寄り添った形で態度変容を起こせると考えた。さらに、そのあとのリピート購入まで追跡できれば、LTVも算出できる。

　これまでは「Cook Do」のような大規模なブランドであれば、クリエ

イティブ別の広告出稿の成果をデータとして取得できていたが、「ほんだし」という商品の中の減塩に限定した小さな商品では**データによる分析が難しく、広告施策の効果を正しく評価できない課題**があった。

　この課題に対して、リテールメディアであれば**購買データをもとに特定の顧客にピンポイントで広告を配信し、その広告に接触した人が購入に至ったかどうかを追跡できる**ので、購入に紐付く広告の効果検証ができる。さらに、施策を通して顧客の態度変容を起こす広告メッセージの開発ができれば、マス広告で同じメッセージを活用することもできる。リテールメディアを1つの検証として、**購入率を上げる確度の高い広告を開発できる**という期待があった。

　広告の効果検証に限らず、リテールメディアの配信を通して、**より深い顧客理解**につながる発見の可能性も感じている。ただ、これまでの施策の実施経過としては、ある程度、予想の範囲内の発見に留まっており、「こんな人がターゲットだったのか！？」と目から鱗が落ちるような発見には至っていないという。

　これは、リテールメディアにおいて見るべき指標が確立していないこと、数字からの分析力や発想力が足りていないことなど、さまざまな要因があると木本氏は話すが、今後は代理店やベンダー、小売事業者、そしてメーカーが共に試行錯誤をしてデータと向き合っていくことで、よりよい手法が見いだせると考えている。

　「私たちにとって目から鱗が落ちるということは、お客様にとっても『そう、これが欲しかった！』という発見につながるはずです。リテールメディアを通して、価値あるコミュニケーションが取れるようになるという期待があります」（木本氏）

社内・社外で部門を越えたやりとりが必要になるリテールメディア

　リテールメディアを活用する難しさとして、社内・社外共に関係者が多いために、**広告配信を行うまでの調整に時間がかかり、複雑である**ことを木本氏は挙げる。例えば、「お塩控えめの・ほんだし」の取り組みでは、味の素側にはリテールメディアを担当するコミュニケーションデザイン部と、ツルハドラッグを担当する営業部がいる。さらに代理店となるアドインテ、ツルハグループからはリテールメディアを推進するツルハホールディングス経営戦略本部や、ツルハグループマーチャンダイジングのマーケティング部、ツルハADプラットフォーム、さらには、商品部のそれぞれに担当者がいる。交渉すべき相手、巻き込む相手が社内・社外共に多いため、意思疎通を図り、リテールメディアを通して実現したいことへの意思統一に苦労したという。デジタル広告のリテラシーも部門によってばらつきがあり、場合によっては丁寧な説明が必要になる。

　ツルハドラッグの事例ではないが、以前、味の素社内と小売事業者内でコミュニケーションがうまくできておらず、「出稿を聞いていなかった」「やりたい施策はこれではなかった」と施策の満足度が低い結果となったことがあった。こうした事態を避けるためにも、社内・社外問わず、細かな点も含めた**情報共有と施策の調整**が適宜必要であると考える。

　木本氏は、**小売事業者の商品部と社内の営業部の関係性**を最優先にして調整にあたっているという。日頃からの仕入れ交渉で築き上げられたこの関係性は、販売に直結する重要なものだからだ。リテールメディアの調整によって損なわれることのないよう、細心の注意を払っている。

　今、多くの小売事業者が自社の購買データの価値に気付き、現実的なマネタイズが可能になったことで、リテールメディアの取り組みを開始している。広告の出稿主として、味の素に案内が届くことも多いと

いう。そのとき、最初の窓口となるのが営業部だが、会社としては人員・予算共にリソースに限界があるので、すべてに対応できるわけではない。

まずは営業部が話を伺い、取り組みの可能性について検討を行う。しかし、施策の実施に必要な金額の規模が大きく、1つの営業部門の予算で賄えるものではないので、コミュニケーションデザイン部に相談して、調整を進める。現状はリテールメディアの費用は営業の予算ではなく、本社のコミュニケーション開発の予算を使っている。こうした理由から、営業部はトレンドであるリテールメディアに取り組むという方針がある一方、営業部のみで対応する規模ではないので、都度コミュニケーションデザイン部と共に動くことになる。

営業部からは、何件かの案件の対応を行う中で、**案件のパターンによって対応方法を決めて知識を蓄積したい**という要望がある【図3-1-2】。営業部がリテールメディアの案内を受けて有効な回答を返すのに、コミュニケーションデザイン部に都度相談して検討に時間をかけるのではなく、スムーズに小売事業者とコミュニケーションができるようにしたいからだ。こうした実情を踏まえ、今後は時間をかけて、よい座組みが開発できるように試行錯誤している段階だ。

図3-1-2 案件のパターンによって関わる部署が異なる

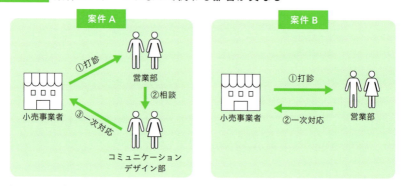

将来的には右側（案件B）に示したように、一次対応を営業部だけでできる対応方法を目指している。

購買データ分析から導いた3パターンの ターゲットのうち、購入につながったのは？

「お塩控えめの・ほんだし」の事例のターゲティング設定では、購買データを分析し、消費者が併買する商品について仮説を立てた。これまではシンプルに高齢者をターゲットとして想定していたが、ほかにも需要が高い層があるのではないかと考えて見直した結果、たどり着いたのが次の3つでセグメントしたターゲットである。

1 セグメントA
妊娠中の女性で、塩分摂取が健康や胎児の成長に影響を与えることから、減塩を意識した食生活を送っている層とした。

2 セグメントB
減塩商品（例：減塩みそ、減塩しょうゆ）を購入している層。塩分摂取を気にする消費者が主なターゲットとなる。

3 セグメントC
血圧が高めの人向けの商品（例：飲料、サプリメント）を購入している層。健康維持を目的とした商品の利用が見込まれる。

上記の3つでターゲティングしてGoogleアドネットワークで広告を配信したところ、セグメントAとBは広告のクリック率が高かったが、セグメントCのクリック率は低かった。従来のデジタル広告であれば、クリック率の高さからAとBのセグメントに広告予算を集中的に投下していくことになる。

しかし、さらに広告を閲覧した人のうち、購入した人数を計測して新規顧客獲得単価を調査してみたところ、セグメントAは商品の購入率が低く、獲得単価が最も高いという結果になった。一方、セグメントBとCは**購入率が高く、獲得単価も抑えられる**ことが判明した。

この結果、購入まで見た広告のパフォーマンスとしては、セグメントBとCにコミュニケーションの軸足を移したほうがよいことがわかった。広告閲覧者の購入まで計測できていなければ、**新規顧客獲得ができる高血圧のセグメントをターゲットから外して、販売チャンスを損なっていたかもしれない**ということが明らかとなった。

施策の実施までに店舗の状況や営業部の要望といった考慮すべき点が多い

「お塩控えめの・ほんだし」の取り組みについては、検討開始から実施・効果検証など、考慮すべき点が多かったという。

また、商品についても当初は別の商品を検討していたが、**店舗の取り扱い率**が壁となった。ツルハドラッグ全店舗の購入者を対象に広告を配信しても、広告を閲覧した人がよく行く店舗にその商品がないということがあるからだ。広告を閲覧して来店してみたものの、店舗に在庫がない場合、店舗にも商品にもマイナスイメージを与えてしまうことは避けたい。そのため、**一定の取り扱い率がある商品を対象**とすることになった。さらに、店舗で販売しているだけでなく、ドラッグストアで販売していることに価値があるかという点も考慮して、最終的に「お塩控えめの・ほんだし」にたどり着いた。「お塩控えめの・ほんだし」に決めたあと、どのターゲットに配信するのかという議論にも時間をかけた。

そこまで決まったあとで、営業部門から要望が出た。それは味の素がリテールメディアを活用したコミュニケーションを取ることで、ツルハドラッグの店舗に新しい顧客が来店し、購買単価の向上に貢献できたことを伝えられるような施策にしたいという内容だった。ここで、再度施策について見直しを行い、議論をすることになった。

その議論と同時並行で、出稿時期、店頭キャンペーンの実施の有無、LPの制作など、決めるべきことが数多くあった。通常のメディアを活

用したブランディング広告だと、広告素材が用意できていれば出稿を決めてから2週間程度で配信できるが、リテールメディアは関係者が多い分、時間がかかることをあらためて実感したと木本氏は振り返る。

最終的に2024年1月に出稿することになった。店頭では、別の味の素キャンペーンが展開されており、その中に「お塩控えめの・ほんだし」も含まれていたことから、その時期に合わせることにした。

ツルハドラッグとのコミュニケーションにおいては、現在はテストフェーズの段階だ。将来的には、**メーカー、卸、小売事業者の流通、顧客がWin-Winになる活動に昇華していきたいため、最終的な目標を理解してほしい**ということを繰り返し伝えたと木本氏は話す。

「ウォルマートでは、リテールメディアが大きな収益になっているという話を聞きます。当然ビジネスなので、事業として収益化することも重要ですが、マネタイズを先行するのではなく、**三方よしの形を目指してコミュニケーションができる**関係性の構築を重視しました。米国の場合はウォルマートの流通シェアが大きく、日本の実情とは異なるので、日本は独自の発展をしていく可能性があります。リテールメディアがWin-Winの関係になれるかどうか、その見極めの期間が今後1〜2年になると考えています」(木本氏)

リテールメディアの施策でスーパーヒットを生み出したい

リテールメディアの施策はテストフェーズであり、まだスーパーヒットは生まれていないと木本氏は評価する。「スーパーヒットが生まれれば、リテールメディアの潮目が変わるので、まずはスーパーヒットを作りたい」という。

そのためには2つの方向があると考える。1つはトライアル施策を通して**新しいクリエイティブを開発する**ことだ。「お塩控えめの・ほんだ

し」の事例のように、購買データから特定の顧客に絞って配信することで、これまでは想定していなかったターゲットが発見でき、クリエイティブの開発ができるかもしれないと期待している。そのクリエイティブからスーパーヒットにつながる可能性がある。

もう1つは**リーチを拡大する**ことだ。リテールメディアはマス広告と比較すると、どうしてもリーチ規模に限界がある。ターゲットを精緻に絞れることがリテールメディアの強みではあるが、マス広告やデジタル広告に比べて、そもそものリーチできるボリュームが限られている中、さらに絞るので到達範囲が小さくなってしまうのだ。

よいクリエイティブをより多くの人にリーチできればWin-Winが増えるので、リーチ規模の拡大についても検討していきたいという。また、リテールメディアでクリエイティブの開発をして、そのクリエイティブを使ってマス広告で配信するという可能性もある。あるいは、さまざまな小売事業者が連携することで、仕組みとして接触面が増えればリーチも増えるはずだ。

一方、課題として感じていることは、広告の表示枠とクリエイティブの開発量だ。小売事業者の各社が持つアプリは、顧客が会計時に開くので、購入のモーメントとダイレクトに結び付くことができるものの、バナーで表示できる情報量には限界がある。そこで、動画で情報を伝えることにした場合、A社向け、B社向けとそれぞれカスタマイズしたクリエイティブをクイックに量産する体制が現状では整っていないという。これらのクリエイティブを量産できる仕組みを考えないといけないと木本氏は考えている。

現在はテストフェーズとなっているが、もう少し検証を続けていく予定だ。そのうえで、自社ができることは自社内で解決しながら、代理店のシステムのアップデート、小売事業者のアップデートに期待しながら、よい道を探っていきたいと木本氏は展望を語る。

最後に、小売事業者とメーカーそれぞれへのメッセージをもらった。

「小売事業者のみなさんは、リテールメディアの活動をすでに開始されていると思いますが、ぜひメーカーとも連携しながら進めていただきたいと考えています。メーカーによって窓口が営業部門か本社かは異なると思いますが、弊社のように本社が窓口の場合、流通の事情に詳しくないことがあります。ですので、両社同士で情報交換を密に行いながら、施策の検討を共に進めていきたいと考えています。

　ほかの食品メーカーのみなさんは競合ではありますが、**"食に関する脳内シェアを高める"という共通のテーマ**があります。料理をすることや食べることに生活者が興味を持っていただけるような取り組みを、業界一丸となって進めていけたら素晴らしいと思います。リテールメディアに関してもさまざまな業種の取り組みが進んでいるので、情報共有を通じて最適な解決策を見つけていきたいです。」（木本氏）

3-2 江崎グリコ

岩川 透氏（ショッパー企画室 室長）
濱岡健志氏（ショッパー企画室 企画開発チーム）

リテールメディアの枠を超えた小売事業者との連携で売場を改革

> 2022年に創立100周年を迎えた江崎グリコ株式会社は、パーパス（存在意義）である「すこやかな毎日、ゆたかな人生」を軸とした価値提供を目指している。リテールメディア活用を推進するショッパー企画室の岩川氏と濱岡氏にお話を伺った。

顧客を起点に売場の問題解決を志向。小売事業者への施策提案と交渉も担う

　まず、岩川氏が管掌するショッパー企画室の立ち位置や役割について紹介したい。セールス本部管轄であるショッパー企画室は、顧客および購買者を起点としたマーケティング（ショッパーマーケティング）を展開する部署である。

　ショッパー企画室は、全国に展開するコンビニエンスストアや総合スーパーマーケット、ドラッグストア、各地域のスーパーマーケットを担当する営業担当者と共に、小売事業者に向けて、購買行動を動機付ける価値の創造と提供につながる企画提案を行っている。

　ショッパー企画室は、次の4つの組織機能で成り立つ。

＊情報分析
顧客および購買を軸とした情報の蓄積や分析、活用方法を検討し、情報自体の価値向上を担う。

＊企画開発
ブランドを軸に小売事業者における顧客および購買者起点での企画や施策の創出を担う。

* **広域企画**
  全国チェーン企業における顧客および購買者起点の企画推進と営業サポートを担う。
* **エリア企画**
  各エリア企業における顧客および購買者起点の企画推進と営業サポートを担う。

小売事業者との商談やプレゼンを行う際、営業担当者だけではなく、ショッパー企画室の担当者が同行してサポートを行う。特にプレゼンの場では、小売事業者側の商品買い付けを行うバイヤーだけでなく、関連セクションの担当者が参加するケースもあり、その場合は、江崎グリコ側も営業担当者だけでなく関連する部署が参加し、ディスカッションを重ねていくことになる。

ショッパー企画室の役割は、売場にいる顧客および購買者を起点にして、購買行動の動機付けや売場の問題解決という視点から提案を行うことである。それらによって、ブランドの持つ価値をメッセージにして顧客に伝え、有効な購買活動につなげていくことを目指している。

ショッパー企画室の業務フローとしては、ショッパーマーケティングの概念と同じ意味合いを持つ「プロモーショナル・マーケティング[※1]」を適用しており、まずは市場環境分析を行い、ブランド戦略に基づいて購買実態を読み解く【図3-2-1】。そして、購買者の集まる売場および小売事業者向けの戦略を立案し、各小売事業者に対して、どのような企画を展開するかを戦術として具現化する。

さらに、施策手法を設定し、ツールやメディアを活用して施策計画・制作・実施を行う。ショッパー企画室は、この一連の流れをプロデュースし、リードできるプロフェッショナル部隊を目指している。

※1 プロモーショナル・マーケティング：日本プロモーショナル・マーケティング協会が推進する、生活者の購買行動を促進し、価値を高めるためのマーケティング活動を指す。

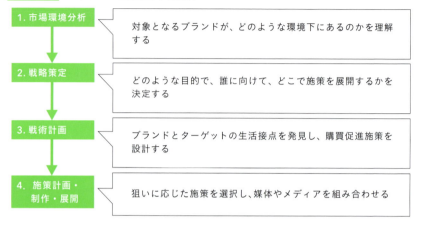

図3-2-1 ショッパー企画室の業務フロー

1. 市場環境分析 — 対象となるブランドが、どのような環境下にあるのかを理解する

2. 戦略策定 — どのような目的で、誰に向けて、どこで施策を展開するかを決定する

3. 戦術計画 — ブランドとターゲットの生活接点を発見し、購買促進施策を設計する

4. 施策計画・制作・展開 — 狙いに応じた施策を選択し、媒体やメディアを組み合わせる

一連の流れをプロデュースしながら、組織一丸でリテールメディアに取り組んでいる。

広告に関しての世の中の変化をきっかけにリテールメディアへの取り組みを開始

　少子高齢化、人口減少といった環境の変化なども影響し、テレビ広告の効果によって必ずしも商品が売れるわけではなくなってきている昨今、顧客にブランドや商品の価値を伝えていく効率的な手法を見つけるために、どの企業でも試行錯誤が続いていると想定される。

　そのような状況下で、営業マネージャーとして現場の最前線にいた岩川氏は、2022年12月にショッパー企画室長として着任。早々に着手したのが、リテールメディア活用の基盤構築であった。

　これを進めるにあたり、「前線にいる営業の環境や実態を踏まえたうえで方針を立てたい」という意向を持っていた岩川氏は、**営業現場の経験を踏まえてリテールメディアの基礎情報や施策展開の構想をまとめ、会社全体での活用方針を整理**し、組織的な実践を目指した。

　「リテールメディア施策に対して、会社全体として取り組んでいる企

業と、営業対策の1つとして実施している企業では、活動や取り組みの質の差は大きいと思います」（岩川氏）

フルファネル、豊富な計測項目、売場との連動を重視して小売事業者を選定

　リテールメディアは、広告を通して伝達した価値がどれだけの人に届いたか、広告を視聴した人が購入したか、さらにリピート購入につながったかを可視化でき、**ブランドの価値が伝達された度合いを数値化できる**メリットがある。つまり、リテールメディアは顧客の行動計測で、それをもとに改善を継続的に実施できることに大きな期待があり、取り組みの意義があると江崎グリコでは考えている。

　一方、パートナーとなる小売事業者については、リテールメディアに取り組むいくつかの企業と共同する形でスタートしたという。

　まず、ブランドや商品ごとに、リテールメディアのターゲットとなる顧客がどれくらいいるのかを算出した。そして、ターゲットのいる拠点を、全国小売店パネル調査データと小売事業者のPOSデータを組み合わせて、ターゲティングするメディアとしてふさわしいかどうかを検討し、リテールメディア施策の展開の方向性を決定している。

　その際には、次の3つの要件で整理を行っている。

＊ **フルファネル[※2]型か**

最も重視している要件は、フルファネルでの広告配信と効果測定ができることである。広告を配信した結果、視聴する、来店する、購入する、再ターゲットしてリピートするところまで追跡できるリテールメディアの活用を重視している。

※2　フルファネル：顧客が商品やブランドの認知から購入に至るまでの、すべての段階をカバーするマーケティング戦略を指す。

* **計測できる項目は何か**
  フルファネルではなく、一部ファネルでの展開であっても、計測できる項目が多角的に存在している場合も、リテールメディアの活用を検討している。
* **売場と連動しているか**
  効果的に売場が構築できる可能性がある場合も、リテールメディアの活用を検討している。

フルファネルの場合は、まず集客のためにSNSなどの外部アプリに広告を配信し、広く多くの人に情報を届ける。そこからリテールメディアの企業アプリに誘導し、外部アプリと企業アプリでのメッセージを連動させることで、理解の浸透度を高めることを目指している。

広告を視聴した人が来店すると、手元のスマートフォンや店頭のサイネージなどに、さらに情報が配信されることが可能なリテールメディアも存在しているが、現在のところ数企業程度だという。

効果測定の数値については、広告を視聴してから購買に至ったかどうか、さらにIDデータを追跡することで、購買者がどのような特性を持っているかを確認できるようになっている。データの提供元によって項目は異なるが、性別・年代・地域などのデモグラフィックに加えて、広告の視聴回数・クリック率・購入率・リピート率などの確認が可能だ。

こうしたデータが得られる一方で、そのデータをどう検証し、活用していくのかは課題となっている。これまで取得できなかった計測項目であるため、パターンやモデルの形成が必要だ。

岩川氏は、小売事業者との共同取り組みの活性化に向けて、商品部門・デジタル部門・企画部門など、複数部署とのコミュニケーションを増やしていくことが成功の鍵だと考えている。

おいしさと適正糖質を両立するブランド「SUNAO」の広告をフルファネルで展開

2023年11月から12月にかけて、大手スーパーマーケットやドラッグストアのリテールメディアを活用した、おいしさと適正糖質[※3]を両立するブランド「SUNAO」のフルファネルの施策について紹介する【図3-2-2】。

図3-2-2 おいしさと適正糖質を両立するブランド「SUNAO」

アイスクリーム「SUNAO バニラ」の商品パッケージ。SUNAOにはアイスシリーズのほか、パスタシリーズ、ビスケットシリーズがある。

　大手スーパーマーケットでの顧客接点としては、外部アプリでの広告配信のあと、企業アプリ内での動画配信、店舗でのスマートフォンへのメッセージ配信、サイネージ連携、さらにはレジカートのデジタルモニターへの表示を行った。購入後は特典を付けて、リピート購入も追跡している。

　ドラッグストアでは、外部アプリで動画広告を配信してランディングページ（LP）に誘導。購入すると企業アプリのポイントを付与するクーポンを提供するほか、リピートクーポンを配信している。

　ドラッグストアにおける広告を担当した濱岡氏によると、SUNAOは適正糖質を訴求したブランドではあるが、**糖質を抑えていることを知らない人、**

※3　一般社団法人「食・楽・健康協会」では、1食で摂取する糖質量を20～40g、間食で10g以下にする「適正糖質」を提唱している。

糖質を抑えたらおいしくないと誤解している人が多いことから、新規顧客の獲得が課題だったようだ。

そこで、ターゲティングにあたって、糖質オフのビールや食品、体脂肪や糖質に関連するサプリメント、そして飲料の購入経験者を選定した。また、一度購入したが離反してしまった人のうち、主要ブランドや高価格帯のアイスクリームを購入している人たちもターゲットとして設定している。

このターゲティング戦略は、リテールメディアのためにゼロから考えたわけではなく、ブランド戦略としてマーケティング部門が設定したものをリテールメディア向けにアレンジしている。マーケティング戦略とリテールメディア戦略で、ターゲティングやメッセージに齟齬があってはならず、ブランドとして統一した価値伝達をしていく必要があるからだ。

そのうえで、小売事業者のパネルデータやID-POSデータからターゲット数を算定して、展開計画を立てている。これらの施策は単発ではなく、特定の商品を購入した人を囲って、施策を継続的に実施していくことが必要と考えている。

なお、SUNAOと同様の施策はその他のブランドでも実施しているが、それらについては大手小売事業者のリテールメディアを活用し、ターゲットIDを指定して来店者に特典を提供しており、こうした広告配信の例はほかにも多いという。

植物性ミルクを拡充し、ミルク売場全体の活性化を目指す

アーモンドミルクブランドの「アーモンド効果」については、スーパーマーケットやドラッグストアで、売場変更を含めたリテールメディア活用を展開している【図3-2-3】。

近年、植物性ミルク市場が伸長していることを受け、チルド飲料売場の変更を行っているケースがある。大豆を使った豆乳、アーモンド効果

などの植物性ミルクはカロリーや脂質が低く、栄養価が豊富なことから注目されている。そこで、豆乳やアーモンドミルクの商品を拡充し、売場から「牛乳」「豆乳」「アーモンドミルク」の3種類を1つの飲料カテゴリとして情報を発信し、**自社ブランドだけでなくミルク商品全体の活性化**を狙う【図3-2-4】。

図3-2-3 アーモンドミルクブランド「アーモンド効果」

「アーモンド効果 オリジナル」の商品パッケージ。ビタミンEや食物繊維が豊富に含まれている。

外部アプリでは、ミルク特集の動画をYouTubeで配信して3種類のミルクがあることを伝え、「売場で探してね」と売場に誘導する。リテールメディアでは、店舗も含めて広告と共通したメッセージを伝えられることが大きな強みである。

図3-2-4 新しい売場の創出

飲料 チルド棚（従来）

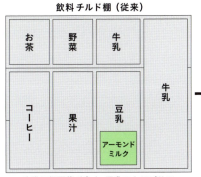

牛乳の棚面積が多く、豆乳のカテゴリにアーモンドミルクが陳列されている。

飲料 チルド棚（検証中）

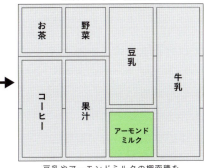

豆乳やアーモンドミルクの棚面積を大きくしてカテゴリの活性化を狙う。

アイスクリームについても、プレミアムアイスクリームのカテゴリにSUNAOのような健康を意識した商品を配置することで、新しい売場の見せ方ができる。

このように、リテールメディアをスポットの販促だけに活用するのではなく、新しい売場を創出するような売場構築にもチャレンジしている。特定店舗でのテスト展開を実施し、仮説検証により成果が見えれば拡大を検討し、商品部門・デジタル部門・企画部門といった複数部署とのコミュニケーションを増やし、小売事業者と共同での取り組みの活性化を目指している。

小売事業者の商品部門、デジタル部門、営業企画部門の連携に期待

江崎グリコではリテールメディアの活用において、小売事業者の複数部署とのコミュニケーション活動が極めて重要だという。商品の買い付けを行う商品部、デジタルを運用する部署、組織全体を見る営業企画のような部署、メーカーが一体となれば、より有効な施策を実現できる。

やはり、**小売事業者とのコミュニケーション活性化と共同体制が最も効果的かつ効率的で、リテールメディア施策の質も高くなる**という。小売事業者とのコミュニケーションを通して、かつ双方の組織構造を踏まえたうえで、リテールメディアの推進においては次の7つの工程を想定している。

1. 自社組織全体の連携
2. 小売事業者との合意形成
3. 施策展開の管理
4. 企画や施策の構築
5. 小売事業者への提案
6. 検証の準備と実行
7. リテールメディア施策の実行

なお、これらの工程においては、小売事業者とのコミュニケーションはもちろんだが、社内でのコミュニケーションも丁寧に実施することが必要である。

今後1～2年は検証のフェーズ。どこを押せば顧客が動くのかを見極めたい

　2023年よりリテールメディアの戦略策定を進めてきた江崎グリコにおいて、2024年は検証のフェーズだと岩川氏は話す。
　「**リテールメディアは施策を設計して実施し、計測できるまでに時間がかかります**。このサイクルを回せるのは、1ブランドあたり年2回程度です。よって、今後1～2年はさまざまな施策を実践し、どのような効果が出るのか、どこを押せば顧客が動くのかを把握していく段階だと考えています。実際に売上が増えたり、顧客を獲得できたりといった成果が見えてくるのは、おそらく翌年以降になるでしょう」（岩川氏）
　同社では早くからリテールメディア活用に注目し、取り組みを開始してきた経緯がある。2024年でのリテールメディアの施策実践で培った経験をもとに、2025年以降はさらに計画的に構想を練る必要があると考えている。
　最後に、リテールメディアに取り組む小売事業者と、ほかのメーカーに向けたメッセージを岩川氏・濱岡氏からいただいた。
　「**市場やカテゴリの活性化に向けた売場の再構築を含め、関係者が一丸となって新しい売場を創出**し、大きく市場を動かしていける日を目指したいです」（岩川氏）
　「リテールメディアを活用することで、必要な人に必要な情報を届けるコミュニケーションが深化していくという実感があるため、実践を積み重ねていきたいです」（濱岡氏）

3-3 味の素AGF

伊藤英郎氏（コンシューマービジネス部 部長）
吉岡聡史氏（同部 ショッパーマーケティンググループ グループ長代理）

リテールメディアならではの価値伝達と活用の型作りに取り組む

「ブレンディ」「ちょっと贅沢な珈琲店」などの一般消費者向けコーヒーから業務用コーヒーの卸まで、コーヒーを軸にビジネスを展開する味の素AGF株式会社。リテールメディアに関する取り組みについて、伊藤氏と吉岡氏からお話を伺った。

商品カテゴリごとの価値をリテールメディアを通して伝えたい

　コンシューマービジネス部部長の伊藤氏は、以前の所属部署であるビジネスクリエイション部に在籍していた2023年に、リテールメディアの取り組みを開始することを決定した。

　ビジネスクリエイション部とは、新しいビジネススキームの構築を通して生活者にアプローチしていく部署で、トレンドやライフスタイルの変化などについてのさまざまな分析を行っている。また、味の素AGFにはファンマーケティング推進部という部署もあり、マスメディアだけでなくSNSやオウンドメディアといった多種多様な媒体を活用し、生活者への情報提供や相互交流を実施している。

　現在、伊藤氏が所属するコンシューマービジネス部は、家庭用のパッケージ商品の開発や事業管理を担う部署であり、ビジネスクリエイション部やファンマーケティング推進部と連携をしながら、生活者によりよいUX・CX[1]を提供し、LTV向上を目指して活動している【図3-3-1】。

※1　UX・CX：UXは「User Experience」の略。ユーザーが特定の製品、サービス、システムを利用する際の全体的な経験のこと。CXは「Customer Experience」の略。顧客が特定のブランドや企業と関わる際に得る、購入前、購入時、購入後のすべての接点にわたる全体的な体験のこと。

中でも、リテールメディアに関連する施策立案や運用については、同部のショッパーマーケティンググループ長代理である吉岡氏が中心となって行われている状況だ。

図3-3-1 3部門が連携して生活者を中心にしたマーケティングを実施

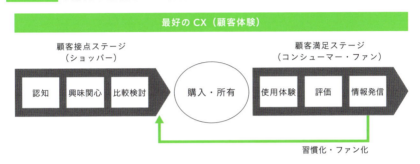

生活者の獲得だけでなく、継続的なつながり、生活者のファン化を目指した活動を実施している。

　ここで、味の素AGFが取り扱っているコーヒー関連商品のカテゴリを整理しておきたい。次に挙げた5つのカテゴリに分類できる。

* **レギュラーコーヒー**
　コーヒー豆を焙煎して粉状にしたパッケージ。
* **パーソナルタイプドリップコーヒー**
　個包装されたレギュラーコーヒー。1杯ずつドリップできる。
* **インスタントコーヒー**
　抽出したコーヒーを凍結・乾燥させたもの。お湯を注ぐだけで飲める。
* **スティックブラック**
　インスタントコーヒーをスティックタイプにしたもの。
* **スティック**
　インスタントコーヒーに砂糖やミルクなどを加えたもの。カフェオレ、抹茶オレなど、バラエティに富んでいる。

コーヒー市場で見ると、インスタントコーヒーが該当する大容量タイプのホームサイズ領域は、2019年度と2023年度の比較で市場規模が99%となり、ごくわずかではあるが縮小傾向にある【図3-3-2】。一方、1杯飲みきりタイプのパーソナルサイズ領域は、122%と拡大傾向にある。また、パーソナルサイズ領域の市場シェアにおいては、味の素AGFが最も多くのシェアを占めている。

　コーヒーの各カテゴリでは、それぞれ提供価値が異なる。例えば、味の素AGFが展開しているスティックブラックは、1杯あたりのお得感（コスパ）、コーヒーを作る時間の短さ（タイパ）、どこにでも持ち運べる携帯性という3つの価値がある。

　スティックの場合は、これら3つに加えて紅茶、ココア、抹茶など多くのフレーバーがあり、バラエティ価値を有する。さらに、ブレンディにはマイボトル（水筒）専用の「ブレンディ マイボトルスティック」もあり、環境を意識した価値も提供している。「これまで伝えきれなかったカテゴリ、ブランド価値をリテールメディアを通じて届けたい」と吉岡氏は話す。

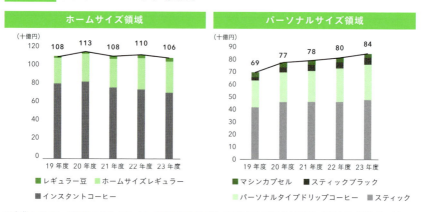

図3-3-2　ドライコーヒーの市場動向

※出典：インテージSRI＋ドライコーヒー市場 2019年4月-2024年3月販売金額（味の素AGF提供データ）
ドライコーヒー市場では、味の素AGFがトップシェアとなるパーソナルサイズ領域が伸長している。

リテールメディアの社内勉強会を開催。
可能性を検証するためのトライアルも実施

　味の素AGFは長年にわたり、小売事業者を介して生活者に販売する流通モデルで事業を行ってきたことから、生活者との距離が遠く、商品を購入する瞬間に立ち会えてこなかったと伊藤氏は振り返る。こうした反省から、生活者との距離を縮め、より深く理解するためにファンマーケティング推進部を立ち上げ、**フルファネルマーケティングの取り組み**を行っている。

　デジタル広告は1つのコミュニケーションチャネルとなっているが、サードパーティCookieの廃止が撤回されるなど、Cookieに関する今後の動きにピントが定まらない中で、メーカーとしてはファーストパーティデータをどう確保し、どのように生活者との接点をつなぎ続けるのかを考えていく必要があるという。

　こうした活動の一環として、生活者の購買行動を見直した。技術革新によって情報の受発信が多様化する中、来店前に小売事業者のアプリで情報を閲覧する、店内でスマートフォンから情報を閲覧するなど、**購買行動に直接関わる新しい情報の収集**が発生していることがわかった。味の素AGFは、新たな生活者アプローチ施策の推進が急務となっており、**変化に対応した新しい購買促進策に事業戦略をシフト**することになった。

　新たな接点を検証する中、営業部門がスーパーマーケットのベルクより提案を受け、店内に設置した「AIBeacon」[※2]を活用して、顧客の来店のタイミングでプッシュ通知を送る取り組みを開始した。伊藤氏はAIBeaconを新しいマーケティングプラットフォームとみなし、広告配信に限らず、テストマーケティングもできると考えたという。

　また、リテールメディアをより理解するために、アドインテに**勉強会の**

※2　AIBeacon：アドインテが提供する、BluetoothとWi-Fiに対応したビーコン端末。施設や店舗に設置することで、来店者数の計測や来店者へのプッシュ通知などが可能。

開催を依頼した。2023年7月に開催した勉強会を通して、リテールメディアでできることを理解し、**顧客との新しい接点を作れる**と感じたと伊藤氏は話す。そこでビジネスクリエイション部にて、リテールメディアへの取り組みの可能性について、評価を行うことになった。

「会社として中長期的な事業規模拡大、利益向上を目指すのと同時に、安定的な利益創出のための手段として、リテールメディアによる価格以外の価値伝達によって購買促進が図れるという期待がありました」(吉岡氏)

商品の価値伝達に着目したのは、これまでの苦い経験があるからだ。スティック1本でデザートのような味が楽しめる商品や、プレミアムクリームを使った商品など、付加価値の高い商品開発と販売にチャレンジしてきた。しかし、生活者に価値を伝えきれず、終売となってしまった過去がある。

リテールメディアを活用すれば、こうした特別な商品に価値を感じてくれる人や潜在的な需要がある層に、広告を通して価値を届けることができるという期待があった。ターゲットをうまく選定すれば高効率な広告配信ができ、一度の購入だけでなくリピート購入やファン化することもありうる。それを目指すために、まずはトライアルから始めることになった。

発見できずにいた生活者の解析に期待。出稿先は顧客データの数と効果検証を重視

リテールメディアの魅力は、**購入に近いところでのコミュニケーション**だと伊藤氏は話す。味の素AGFでは、マーケティング・ミックスモデリングで、さまざまな媒体で情報を発信している。調査データを通してどの媒体が、どれくらい需要喚起に寄与したのかを分析しているが、その精度については不確かなところがある。

リテールメディアの場合は、ID-POSデータによる購入との紐付けができるので、購入への効果を検証しやすい。また、マスではなく、**ターゲットが限定されたスモールマスの商材**も扱いやすい点を評価している。

リテールメディアのトライアルをするにあたって、出稿先の選定においては、**ファネルごとの顧客規模と出稿後の分析機能**からイノベーションにつながる示唆を得られることの2点から評価した。

ファネルごとに届けられるID規模によっては、マス広告に比べて効率的な広告費用で出稿できる媒体だと考えており、アドインテが持つ外部媒体とリテールメディアのIDを紐付けられる件数などを参考に検討した。

分析機能については、ID-POSデータを使って、より精緻な生活者の解析が可能になるかどうかを検討した。例えば、併買傾向から最適な商品の配置場所やプロモーション方法が明らかになるような生活者の解析だ。

吉岡氏が今後可能になると期待している生活者の解析として、下表のような例を挙げた【図3-3-3】。

図3-3-3 想定する生活者解析の例

商品	併買される商品例と理由
カフェインレスタイプのスティック	・競合他社のカフェインレス（カフェインレス全般に関心） ・カップラーメン（お湯を注ぐだけという共通点） ・蒸気のアイマスクシート（睡眠に関心）

カップラーメンや蒸気のアイマスクシートなど、これまでは紐付けたことがなかった併買傾向が見つかれば、新たな施策が可能になる。こうした発見と、確度の高い顧客セグメントを組み合わせることで、広告効果を最大化できる。さらに、広告配信結果から新規顧客獲得数や定着率などの指標も得られるため、効果の高い施策を社内でナレッジ化していくことができるという。

前述のような**発見と発見に伴う施策の実施、ナレッジの検証を将来的な構想**としながら、最初の取り組みとしては、小売事業者のファーストパーティデータを活用したトライ＆ラーンにより、施策の知見獲得を目指す。中でも、小売事業者の会員情報、ID-POSデータ、分析機能を活用

して、**広告ターゲットとなる顧客セグメントの探索検証**をしていく。さらには、同時に伝達する価値によって生活者の購買に及ぼす効果効能にどう差が生じるのかも、比較検証することになった。

2024年度は型作りの年。施策の目的を定めてトライする

　味の素AGFでは、2024年度をリテールメディアの型作りの時期としており、次の3つに分けてそれぞれ試行錯誤しながら、型作りを進めていく予定だ【図3-3-4】。

＊内外メディア機能
＊施策主体
＊新需要創造

図3-3-4　3つの軸で競合と差別化された販売促進策を検討

「内外メディア機能」と「施策主体」では、解析課題を可視化して購入促進の施策を練る。「新需要創造」は小売事業者との共創の取り組みで小売事業者の新規の販売手法を探る。

　現状では「内外メディア機能」と「施策主体」の検証を始めている。内外メディア機能とは、リテールメディア内のメディアと外部のメディアを活用して解析を行い、商品ごとに最も効果の高いセグメントを発見し、高効率のメディアで施策を実施できる型を見つけることを目指す。SNSマーケティングと近い役割を持たすことができつつ、コンバージョンまで検証できることが強みだ。

手法としては、アドインテが持つインターネットに接続されたコネクテッドTVの利用者のうち、**動画配信サービスへの広告配信とリテールメディアのID連携による効果測定ができるCTV-OTT**[※3]**機能**を活用する。具体的にはTVerやABEMAなどに広告を配信し、閲覧者と非閲覧者の購入率を測定して検証する。動画は通常のテレビ広告と同じコンテンツを配信し、年代や併買傾向から最も購買率が引き上がる顧客セグメントの探索を行っている最中だ【図3-3-5】。

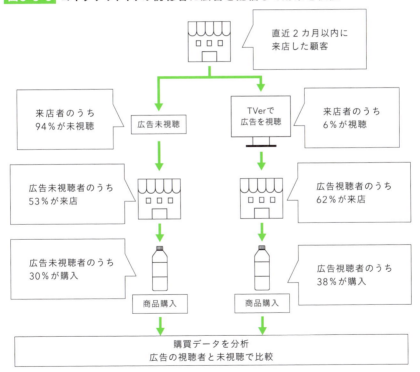

図3-3-5　コネクテッドTVの視聴者に広告を配信して効果を検証

広告を視聴した人としなかった人で、購買率などを比較して検証する。

※3　CTV-OTT：CTVはコネクテッドTV（Connected TV）の略。インターネットに接続しているスマートテレビのこと。OTTは「Over-the-Top」の略。インターネットを通じて提供されるメディアサービスを指し、コネクテッドTVを利用することで大画面で視聴できる。Netflix、ABEMA、TVerなどが該当する。

施策主体とは、価値伝達の効果と効能を検証し、施策革新を目指す取り組みを指す。例えば、スティックブラックの商品価値として、コスパ、タイパ、携帯性があるが、どの価値訴求が最も購入につながるのかを検証する。さらに、動画で伝えた場合や静止画で伝えた場合、非閲覧者の場合などで分けて、購入率を最も引き上げる施策を明らかにする。

　価値伝達の効果を可視化できれば、確からしいマーケティングを推進していくことができる。それは広告はもちろん、店頭の陳列やメッセージにもナレッジを生かせると考えている。施策の型を見つけられれば、営業現場でそれぞれの店舗に合わせてスケールさせるような活用も可能になる。

　一部の施策はすでに実施しており、スティックブラックの価値をコンテンツ（記事）にして、小売事業者のアプリに配信した。提供価値ごとにコンテンツを用意し、利用者にはランダムでいずれか1つのコンテンツが配信されるようにした。

　その結果、タイパのコンテンツを配信した人は非閲覧者に比べて購入率が5倍引き上がっただけでなく、新規顧客獲得、定着率、リピート率のいずれも高い結果になった。

小売事業者は新規需要を掘り起こすための共創パートナー

　リテールメディアの運用においては、代理店であるアドインテが小売事業者と調整を行っている。そのため、味の素AGFが小売事業者と直接やりとりする機会は少ないが、小売事業者を検証を進めるパートナーとして捉えており、機密保持契約を締結したうえで、生活者が購入に至るまでの仮説や商品の詳細情報を共有しながら施策を検討している。

　伊藤氏はリテールメディアへの広告出稿や検証は、生活者の新需要を掘り起こすための小売事業者との共創の取り組みとして捉えている。メー

カー同士での棚の取り合いやシェア争い、小売事業者同士のエリア争いから脱して、生活者、小売事業者、自社のWin-Win-Winを目指したいと考えているからだ。

　生活者にとっては、自身のライフスタイルや価値観と関連性の高い広告による商品価値への気付き、快適な買い物体験などがある。小売事業者にとっては、コミュニケーション媒体として生活者とのつながりを強化でき、メーカーと協働することでショッパーマーケティングを進化させることができる。メーカーはコミュニケーションと購入の接近や小売事業者のファーストパーティデータの活用による、マーケティングの高度化というメリットがある。

　今回の一連の施策においては、対象プロダクトの選定をしながら施策の目的設定についても深く議論した。内外メディア機能については、仮説に基づいて詳細なターゲットを明らかにするのか、それともマスに配信して購入率からおおまかなクラスタやセグメントを探索するのかといったディスカッションを行い、後者を選択した。

　内外メディアを活用した商品のユニークポイントの伝え方についても、ABテストや生活者のクラスタごとに有用なアプローチを仮説検証するなどのアイデアがあったが、マーケティングプラットフォームの特徴から、まずは同一のコンテンツを配信することとした。

　アイデアが確定してからは、高効率かどうかを検証するために必要な分析を検討し、最終的に閲覧の有無により購買行動への影響をシンプルに検証することとなった。

「これまでの事例を調べると仮説からセグメントを作るという活用が多いですが、生活者を動かす隠れた需要を掘り起こすには、生活者を起点とした需要の発見が必要だと考え、仮説によらずに検証することにしました」（吉岡氏）

　一方、施策主体については、商品のどの魅力が生活者を購入へと動かすのかを検証した。これまでの調査では、商品の魅力が購買行動に紐付

いているかどうかを検証できなかったが、リテールメディアであれば購買行動が紐付くための検証が可能だ。購入者のジャーニーを確認し、その商品の価値に対する反応を測定することは、1回の購入よりも需要創造につながると考えている。これらの施策は、半年間をかけて何度もディスカッションと企画化を行い実施した。

なお、リテールテックについても、AIカメラなど、店内の生活者の行動とライフスタイルのトレンドを合わせて、新しい施策の企画に生かすことができそうだと期待している。

新規需要の創出はこれから。リテールメディアのさらなる発展に期待

リテールメディアを実際に活用したことで、ターゲティングやクリエイティブの価値伝達による定量的な効果測定ができつつある。また、生活者の実態を把握し、購買データや新規・リピート率などのファクトに基づいた最適な施策の選択、社内でのナレッジの整理を始めている。

一方で、3つの軸のうちの「新需要創造」についてはまだできておらず、今後の課題だ。今、新需要創造でテーマとなっていることの1つが、マイボトル専用のスティックである「ブレンディ マイボトルスティック」の需要喚起である。生活者の分析で、飲料を飲むときの容器を調査したところ、オフィスに限ればマイボトルのシェアは27.1%であり、伸長している傾向にある。

マイボトルの利用実態としては、ほとんどの人が自宅でお茶などを煮出して持参している。それが1杯目になるが、3割の人が1日でマイボトル2杯分を飲んでおり、2杯目はペットボトルやカップタイプの飲料を購入していることが想定できる。

また、SNSで実態を調査すると、マイボトルを飲み終わったあとに自販機でお茶だけを入れたい、節約のために紙コップとティーパックを会

社に常備している、といった声も散見された。このような意見からマイボトルスティックが2杯目の需要として入り込む余地があると判断しているが、誰に対してどのようなアプローチが可能なのか、小売事業者と共に考えていける関係になりたいと考えている。

同時にリテールメディアは、SNSなどの数ある広告媒体の1つという見方もしている。生活者に広告を届けるためには、情報ジャーニーを探って出稿先を検討していかなければならない。もっとも、ID-POSデータに紐付く購買行動を収集できる強みがリテールメディアにはあるので、「リテールメディアの幅や深さ、彩りがどこまで広がるのか、よい方向に向かうように期待したい」と伊藤氏は話す。

そのためには、小売事業者がデータサービス、情報サービス提供者として、より進化する必要があるという。購買データだけではなく、生活者のプロファイルを得ることで、その人の人生の節目が変わったところを把握して、アプローチしていくことができる。例えば、お弁当ひとつとっても、子どもが小学校に入学するのか、高校を卒業するのかによってアプローチの方法が変わり、レコメンドする内容も変わるだろう。現状の仕組みでは難しいが、将来的に顧客ごとに最適なメッセージを配信し、ロイヤリティー向上につなげられると期待している。食品の分野でも、次のリテールテックやフードテックが登場することで、新しい価値を生み出せる可能性がある。

3-4 アンファー

吉川竜司氏（スカルプD ブランドマネージャー）
沖裕史氏（スカルプD ブランドプロモーション課）

ID-POSの分析で発見した
高いリピート率を施策に生かす

> アンファー株式会社では、各分野の医師・専門家と共に最新の医学に基づいたサービスや、「スカルプD」をはじめとした各種プロダクトを展開している。ID-POSを活用したリテールメディア戦略について、吉川氏、沖氏にお話を伺った。

デジタルマーケティングに強み。
実店舗の売上をどう伸ばすか？

　「スカルプD」の商品開発から販売まで、ブランドに関わる全般のマネージメントをしている吉川氏と、ドラッグストアで展開している「スカルプDネクスト」のプロモーションを担当している沖氏は、スカルプDの認知拡大と売上強化のために日々活動している。

　スカルプDシリーズは2000年代半ばから一般市場で販売しており、主に自社ECサイトなどを活用したオンライン販売を中心にしてきたことから、長らくデジタル広告をはじめとしたデジタルマーケティングに注力してきた。一方、スカルプDネクストは2017年より販売を開始して以来、「20代からはじめるシャンプー。」と銘打ち、ドラッグストアを中心に展開している。

　もともと販促活動の一環として、店頭でのポイントアップキャンペーンなどを実施していたが、得意領域のデジタルプロモーションを組み合わせたほうが効果が高くなると考え、新しい施策を検討していた。

　そのタイミングで2023年にアドインテよりリテールメディアの活用提案を受けた。その提案を受けるさらに2〜3年前、一度トライアルで

実施していた経緯があり、それから少し時間を置いて本格的に取り組むことを決めたという。

　リテールメディアの活用の決め手となったのは、**小売事業者の持つID-POSデータを活用できる点だ**。デジタルマーケティングにおいては、サードパーティCookieが利用しにくくなるため、ファーストパーティデータの収集が課題になっていたが、リテールメディアであれば、**小売事業者のデータを販促に使えることに大きな期待があった**と吉川氏は振り返る。

　リテールメディアはオンラインに限らず、サイネージや店舗内の広告媒体などのオフラインの施策もあるが、顧客ターゲットの世代を考えると、アドネットワークを活用したオンラインでの広告配信がマッチすると考えた。また、ターゲティングした人が実店舗で購入したかどうかを追跡できることが魅力であった。**効果測定で実店舗の購入まで計測できる施策はこれまでほぼなかった**ため、リテールメディアを活用する価値を感じたという。

　一方で、リテールメディアの課題として感じていることは、**すべての小売事業者がリテールメディアの仕組みや体制を整えているわけではない**ことだ。施策を実施したい小売事業者があっても、十分な準備が整っていない場合もあり、実施が難しいこともある。

顧客像を知るためにターゲットを広めにしてディスプレイ広告を配信

　2023年12月からの約1カ月間、ツルハドラッグとウエルシア薬局のリテールメディアを活用した広告配信を実施した。ウエルシア薬局は、スカルプDネクストを全店規模で販売している小売事業者である。リテールメディアを通して、**ウエルシア薬局の顧客像をさらに理解したい**という目的があった。

一方、ツルハドラッグは拡販をさらに推し進めたいという目的があった。そこで、リテールメディアの活用を通してツルハドラッグでの販売実績を残し、同時にツルハドラッグにはどのような顧客がいて、どのようなメッセージに反応するのかを検証したい思惑があった。

　2023年12月は、スカルプＤネクストの特別版を販売するタイミングだった。スカルプＤネクストの未購入者にGoogle、Yahoo!、LINEのアドネットワークを活用してディスプレイ広告を配信し、ポイントアップなどの特典を付けることで、購入につなげることにした。

　ターゲットについては、今回の配信では顧客像を知るという目的があったため、幅広い層を対象とした。具体的には、「男性化粧品の購入者でスカルプＤネクストの未購入者」として、性別を男性にして配信を行った。

　スカルプＤシリーズは薄毛・抜け毛のイメージがあるので、頭皮ケアのための購入を尻込みしてしまう傾向があるという。今回のプロモーションでは、低価格の商品を使っている人の次の一手としてスカルプＤネクストを試してもらい、効果を実感してほしいという意図がある。「将来薄毛になりたくない、昔に比べて髪の毛のボリュームが少なくなったという方に、ファーストスカルプケアとして使っていただきたいのですが、なかなかそのイメージを定着できていません。そこで、競合商品を使っている人にアプローチしてみました」（沖氏）

　広告配信のクリエイティブには、企画の特別ビジュアル、商品のビジュアル、広告に起用しているプロボクサーのビジュアルの3種類を用意した【図3-4-1】。

図3-4-1 スカルプDネクストの広告クリエイティブの例

© 板垣恵介（秋田書店）／範馬刃牙製作委員会

実際には、3パターンの広告クリエイティブを用意してABテスト形式で配信した。

広告配信とID-POSの分析から判明したことを次の施策に導入

　これまでの効果分析の結果として、他社商品を使っていた人がスカルプケアの次の段階として、スカルプDネクストを購入するという仮説が立証できたことを挙げる。これまでは仮説の検証ができていなかったところ、データから確からしさを確認できた。

　まず、広告配信により新規顧客を獲得し、**デジタル広告が店舗での購入行動に影響を与えることが確認できた**。今後はより具体的なセグメント設定で効率的な配信を目指し、ターゲットを購入者本人だけでなく、家族などの代理購入者（購入者のおよそ半分を占める）にもアプローチしていきたい考えだ。

　アドインテでは、ウエルシア薬局の匿名化したID-POSデータを分析し、他社の商品からの流入と流出のどちらもあることを確認した。これを受けて、沖氏は流入を増やす一方で流出を減らしながら、スカルプ

シャンプー市場の拡大を目指したいと話す。また、他社の併買商品なども分析し、その結果を今後の販売戦略に生かす予定だという。

そして、ID-POSデータの分析から、**スカルプDネクストは他社よりリピート率が高いことが判明**した。価格が高いため最初の購入にはハードルがあるが、一度購入するとリピートされるケースが多いという結果は大きな収穫となった。この情報を営業部にも共有し、商談で初回購入を促す販促活動に活用している。また、リピート率向上のための試用品の作成など、これまで取り組んでこなかった新たな販促アイデアも生まれている。

リテールメディアの進化によって、これまでにない広告の価値を計測できる

アンファーにおけるリテールメディア戦略については、営業部のマーケティング担当者にもヒアリングを行い、**店舗販売の課題を明らかにしながら施策を検討**している。そして、営業部門はリテールメディアを活用することで、今まで得られなかったID-POSで購入データを分析できることに期待を寄せている。

小売事業者とのコミュニケーションにおいては、ブランド戦略部と営業部が共に参加し、施策の可能性について議論している。アンファーからブランド担当者と営業担当者が参加することで、それぞれの立場から意見を共有し、よりよい施策の実現につながっていると沖氏は考えている。

さらに、リテールメディアを活用した広告配信を実施した結果として、**データから具体的な顧客像を描けたことを特に評価**している。
「今回の施策の良し悪しが顧客の行動から検証できるので、それを踏まえて次のアクションを起こせます。顧客のオフラインでの購買行動がわかる施策はあまりないので、今後もリテールメディアの活用を進めていきたいと考えています」（吉川氏）

本書の取材時点では初回の広告配信の検証中であり、より効率的な配信については今後の検証課題である。実際のシェアや売上の増加には、施策のブラッシュアップと継続が必要と考えている。一方で課題もあり、それを克服した先のリテールメディアに期待していることがあると両氏は話す。
「消費者の購買活動は複雑化しています。店舗で購入することもあれば、オンラインで購入することもありますし、フリーマーケットアプリなどCtoCでの購入も考えられるなど、購入元も手法も多様化しています。顧客にとって、商品を購入する場所や手段に大きな関心はなく、覚えていないことも多いはずです。ID-POSのデータは貴重なデータですが、**顧客は常に小売店のIDを意識して消費活動をしているわけではありません**。無意識にIDを使わないで購入することもあるでしょうし、IDを持たない店舗で購入することもあります。消費行動をどのように理解してIDを活用した接点を作っていくのかは、まだ答えがありません。そうした課題もしっかりと理解したうえで、リテールメディアのファーストパーティデータを活用する必要があります。
　今はポイントアップなど、お得に買えるというオファーを提示して顧客のアテンションにつなげていますが、いずれは**ブランドのストーリーを伝えて、商品価値やブランド価値を高める取り組み**も実施していきたいです」（吉川氏）
「デジタル広告を出稿していますが、そこから効率よく店舗で新規顧客を獲得する難しさもあり、まだ試行錯誤が必要です。将来的には、**スカルプDネクストの購入が動機になって、その店舗に初めて来店した人数**といったデータが収集できるようになれば、小売事業者のメリットにもなると思うので、今後の発展にも期待したいです」（沖氏）

3-5 花王グループカスタマーマーケティング

中本光亮氏（営業部門 家庭品マネージャー）
菊地謙吾氏（営業部門 化粧品マネージャー）
虻川健太郎氏（TMK部門 企画・プランナー）

ツルハのリテールメディアで洗剤や化粧品などの施策を検証

花王グループカスタマーマーケティングは、花王、および花王グループ各社の商品を販売する専門商社だ。ツルハグループを通じて実施したさまざまなリテールメディアの施策について、中本氏、菊地氏、虻川氏からお話を伺った。

コロナ禍で市場と顧客の購買行動に変化。従来の販促だけでは情報が届きにくく

　花王グループカスタマーマーケティングでは、ツルハグループでの売上拡大を目的として、チームで日々活動している。中本氏が家庭用品、菊地氏が化粧品、虻川氏が販促系のプランニングを担当し、中本氏と菊地氏は商品軸、虻川氏は商品横断で販売促進を行っている。

　リテールメディアに注目した理由として、中本氏はツルハグループのID-POSデータを活用し、外部媒体での広告から購入につなげられる点を挙げる。菊地氏は、コロナ禍で化粧品市場が約2割縮小した中、顧客の購買行動が変化してデジタルマーケティングの重要性が増したと述べ、その戦術の1つとしてツルハグループのリテールメディアの活用を挙げた。

　虻川氏は、花王としてテレビCMなどのマス広告に投資をし、全体の売上を伸ばす施策に加えて、**ツルハグループの顧客に直接アプローチできる**リテールメディアを活用することで、ツルハグループでの購入を増やせる可能性を感じたという。

　「リテールメディアを広く捉えれば、チラシや店頭の販促物、クチコミなども含まれますが、デジタルのリテールメディア施策に限れば、顧客

の中から精査したターゲットに、割引や商品案内などのメッセージを効率よくダイレクトに届けられることから注目しました」(虻川氏)

同社がリテールメディアの取り組みを開始したのは2020年、コロナ禍でECサイトの売上が伸び、実店舗の売上が落ち込んだ時期だった。**旧来の販促では顧客に情報が届きにくい**と感じていたところ、アドインテからの提案を受け、取り組みを始めた。

購入に至る一歩手前で価値を伝えられ、ポイントやクーポンなども付与できる

リテールメディアへの投資を決めた理由は大きく2つあり、その1つとして中本氏はID-POSデータの活用による、**限られた経営資源の最大効率化**を挙げる。そしてもう1つが**ツルハグループの特性に合わせた施策**ができることだ。北海道・東北地域が特に強いツルハドラッグでは、ほかの地域とは異なる購買特性があるという。

その例として、部屋干し用の衣料用洗剤の需要が高いことがある。これには北の地域ならではの特性が関係しており、寒い冬の時期は外干しでは洗濯物が乾きにくく、部屋干しを選択する人が多いからだ。部屋干しは生乾き臭が発生しやすいため、それを抑える成分が入った衣料用洗剤の購入率が、ほかの地域と比べて高くなる。

「ツルハグループの顧客と世の中一般の顧客との違いを発見し、そこを訴求することで、ツルハグループの個性に合わせた施策を実施できることがリテールメディアの魅力です」(中本氏)

虻川氏は、昔と比べて**SKU**[※1]**が増加している**ことを指摘した。かつては、シャンプーならしっとりタイプとさっぱりタイプ、衣料用洗剤なら粉末タイプと液体タイプという数えるくらいのバリエーションしかな

※1　SKU：「Stock Keeping Unit」の略。受発注や在庫管理における品目の最小単位を表す。

かった。しかし、顧客のニーズが多様化し、メーカー各社がそれにフィットする商品を開発した結果、取り扱うSKUが増大することになった。「こだわりのある商品が増えているので、価格だけではなく、商品のファンクショナルベネフィット、エモーショナルベネフィット、ソーシャルベネフィットを伝えて、顧客に知ってもらう必要があります。マスメディアでも伝えていますが、リテールメディアでは購入に至る一歩手前で価値を伝え、さらにポイントやクーポンなどの特典を付与できます。**商品のベネフィットを知っていただいたうえで特典がある**ので『今ここで買ったほうがいいな』と顧客の気持ちを動かすことができます」(虻川氏)

また、菊地氏は化粧品の販売促進におけるテーマとして**顧客育成**を挙げる。以前は、会員にDMを送付したり、ポイントを増量したりすることで店舗への送客ができていた。今は顧客が価値があると感じる情報を届けないと、顧客は動かなくなっている。CRMなどを導入し、1to1コミュニケーションを実現しているが、リテールメディアも**個別の顧客にリーチする最短距離**だと捉えている。以降では、花王がこれまでに実施してきたリテールメディアの取り組みの例を3つ紹介する。

部屋干し専用の衣料用洗剤の関心層に広告＆アプリプッシュ通知で訴求

花王は「アタックZERO」など、部屋干し専用の衣料用洗剤の開発と販売にも力を入れている。北海道・東北地域以外でも、共働き家庭で夜に洗濯をして室内に干す生活スタイルの人がいることから、部屋干し洗剤の新規顧客の獲得を目指してリテールメディアを活用した。

ターゲットは「直近で部屋干し系の洗剤や消臭剤、芳香剤、除湿剤などを購入しているが、対象商品を購入していない人」を条件に抽出した。そのうえで、Google広告、LINE広告、Instagram広告にバナーを配信した。バナーをクリックすると専用のLPが開き、商品の特徴を紹介す

ると共に、ツルハグループで利用できるクーポンを取得できるようになっている。また、来店時にもアプリからクーポンがプッシュ通知されるようにした【図3-5-1】。

図3-5-1 広告配信とアプリプッシュ通知の流れ

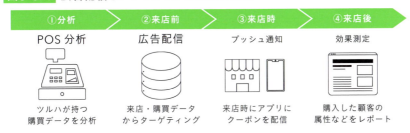

ID-POSからターゲットを抽出したうえで外部メディアから広告配信。さらに来店時にアプリでプッシュ通知して、購入を促進する。

「衣料用洗剤は、洗濯をする大多数の人が購入する商品です。ですから、化粧品のようにターゲットを絞り込みすぎずに、かといってとめどなく配信するのではなく、部屋干し特有の生乾き臭に悩まれている方に向けて広告を配信しました」(中本氏)

　効果としては、ROASが400％を超えた。狙っていたブランドスイッチは想定よりも少なく、施策を実施する前の81％に留まったが、これまでアタックZEROなどの商品を購入したことがなかった人に購入を促すことはできたと評価している。
「購入につなげるには、もっとバナークリック率を上げる必要があり、そのためにはクリエイティブにもうひと工夫が必要でした。ターゲティング設定は適切で、これまでアタックZEROを購入していなかった人に興味を持ってもらうきっかけを作れました【図3-5-2】」(中本氏)

図3-5-2 衣料用洗剤の広告クリエイティブ

生乾き臭対策に関心がある人をターゲットに広告を配信した結果、ROASが400％となった。

新生活商品群の購入者を対象に
ポイント付与のキャンペーンを実施

　新生活を迎える人が増える3～4月は、衣料用洗剤、台所用洗剤、住宅用洗剤の売上が伸びる時期でもある。この時期の売上をこれまで以上に伸ばすために、花王商品を700円以上購入すると、会員合計で777万ポイントをプレゼントするキャンペーンを実施した【図3-5-3】。このキャンペーンでは、Google、Yahoo!、LINE、Instagramに広告を配信し、LPに誘導したあと、来店時にアプリのプッシュ通知を行った。

図3-5-3　新生活キャンペーンのLP

新生活キャンペーンとしてポイントプレゼントのキャンペーンを実施し、ブランド横断のまとめ買いを促進。

　ターゲティングでは、「新生活のタイミングで買われる商品群を過去に購入した人」で抽出した。効果としては広告接触者の売上が前年比で

110％となり、1人あたりの購入金額も広告非接触者と比べて133％高くなった。事前にキャンペーンを認知することで、まとめ買いを促せたと捉えている。

「カテゴリ、ブランド横断型のキャンペーンとしては初めての施策で、お客様からの評判がよく喜んでいただけました。今後も改善を加えながら、同様のキャンペーンを続けていきたいです」(中本氏)

この施策では、過去に購入がある人をターゲットとしたが、今後はカテゴリ拡張や対象商品の未購入者をターゲティングとすることで、新規顧客の獲得につなげられると考えている。

化粧品カテゴリでは継続的なリーチと顧客育成を目標に

スキンケアのブランド「ソフィーナ iP」では、店頭送客、新規購入促進のためにリテールメディアを活用した。「ソフィーナシリーズを購入している既存顧客」をターゲットに広告を配信してLPに誘導、来店時にアプリからのプッシュ通知を送信した【図3-5-4】。結果、ROASが218％となった。

図3-5-4 スキンケア商品の広告クリエイティブ

ソフィーナ iP では、アップセルを狙った施策を実施した。

「この施策は狙った通り、見込み顧客にアプローチできて購入を促すことができました。一方で、売上の規模は全体から見ればまだ小さく、**KPIの設定次第では施策の評価も変わる**と思います。狙った顧客に情報が届いて、新規購入につながり、リピートされれば有効な施策であると評価できますし、売上を上げるというKPIであれば、もう少し売上への貢献が必要です。目的によって評価が変わるので、関係者と目線を合わせながら実施していく必要があります」（菊地氏）

　すでに化粧品カテゴリでは、複数のブランドでリテールメディアを活用した施策を実施している。その経験から、化粧品カテゴリでは**一時的な売上を求めるよりも、継続的に狙った顧客にリーチして、顧客育成のツールとして活用することに価値がある**と菊地氏は捉えている。スキンケアとメイクでもアプローチが変わるので、ブランドに合わせた最適な施策を見つけていきたいという。

　ほかにも、化粧品カテゴリでの企画としては、ツルハドラッグで実施している店頭のカウンセリングの告知をした施策がある。ツルハドラッグのビューティーアドバイザー（BA）の中でも、カウンセリングが上手で売上が高いBAを起用して動画を撮影し、カウンターでの接客サービスについて説明した。この動画広告は、一般基礎化粧品や制度品基礎化粧品を購入している人を対象に配信している。

　「動画広告を見て来店したお客様もいて、クーポンで割引をするだけでなく、サービスの告知をして来店動機にするという活用もあるとわかりました」（菊地氏）

　このように、商品だけでなくサービスに焦点を当てた施策などを実施している花王だが、今後も切り口を変えて検証し、来店や購入を促していきたいと考えている。

第4章

リテールメディアの実践に向けた取り組みと考え方

本章では、小売事業者がリテールメディアに実際に取り組もうとする段階において、どのような点に留意すべきかをまとめます。みなさんが「実践」に着手するときの考え方として参考になるはずです。

4-1 自社が保有するデータの整理と分析環境の構築

リテールメディアを実践するための準備として、ファーストパーティデータやサードパーティデータの収集と、データの統合について解説する。小売事業者だけでなく、メーカーなどの広告主にとっても知っておきたいポイントを示す。

個人の識別IDとPOSデータが必須。ファーストパーティデータを整理する

　小売事業者がリテールメディアの取り組みを開始するにあたっては、まず自社が保有するデータを確認し、整理するところがスタート地点になる。ファーストパーティデータとして保有している「個人を識別するID」と「POSデータ」のほか、それぞれのボリュームや精度によって実行可能な施策も変わってくる。
　必須となる2種類のデータについて、まずは理解を深めてほしい。

個人を識別するID

　リテールメディアでは、**会員（顧客）を特定するキーとなるユニークなIDがあって初めて「個」を識別できる。**このIDには、年齢、性別、居住地など、会員登録時に設定されたデモグラフィック情報が紐付いており、それぞれのIDごとに、Webサイトやアプリでの閲覧・行動履歴などを分析できる。

店舗での会計時に会員IDが提示されれば、IDとPOSデータが連動することで、会員ごとの購入履歴を管理できるようになる（これが「ID-POSデータ」となる）。ECサイトとIDが連携していれば、ECでの行動や購入なども連携できる。

　個人を識別するIDがなければ、購入履歴に基づいた精度の高いマーケティングはできなくなり、広告配信後の購入行動への影響についての効果測定もできなくなる。ターゲティングや分析に必要な、ユーザーを識別できるデータとしては以下のようなものがある。

＊会員ID　　　　　　＊電話番号
＊メールアドレス　　＊広告識別子（広告ID）

　このうちの広告識別子とは、スマートフォンの端末1台ごとに割り振られた固有のIDを指す。iOS端末であればAppleによって「IDFA」（Identifier For Advertising）が、Android端末であればGoogleによって「GAID」（Google Advertising ID）が割り振られる。

　ただし、プライバシー保護の観点から、iOSに関してはアプリの初回起動時などに、デバイスの広告識別子にアクセスする対してユーザーの許諾を求めるメッセージをポップアップ表示するようになっている。第1章の特別寄稿（P.43）でも杉原氏が述べていたように、サードパーティCookie廃止の撤回やCookieデータの減少の問題と同様、この広告識別子の動向も今後注視すべきといえる。

　また、上記に挙げたメールアドレスや電話番号も、顧客のプライバシーを保護しつつ、活用できる準備は進めるべきだろう。これらは個人を確かに識別できる「確定ID」とも呼ばれ、リテールメディアの運用にとって必要不可欠なものだ。

　一方、ユーザーのIPアドレスやデバイスのOS・種類など、複数の情報に基づいて「同一のユーザーであるだろう」と名寄せをして分析する

IDを「推定ID」と呼ぶ。推定IDは会員登録をしていないユーザーも含めて識別できるので、ボリュームが多く取れるというメリットがある。しかし、ターゲティングや広告閲覧後の購買行動の追跡などは、確定IDと比較すると精度が落ちる可能性が高い【図4-1-1】。

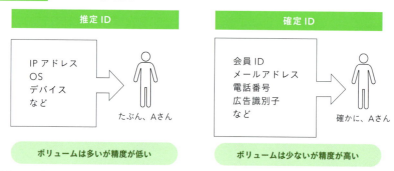

図4-1-1 確定IDと推定ID

推定IDはボリュームが多いが精度が低い。一方、確定IDはボリュームは少ないが精度が高い。

今後、デジタル広告を活用する広告主にとっては、確定IDを活用した施策か、推定IDを活用した施策か、または両方を活用した施策なのかは、広告を出稿する際の1つの判断基準になるだろう。

リテールメディアの広告配信面は、自社（小売事業者）のアプリなどのオウンドメディアに限らず、前述の広告識別子やメールアドレスを活用し、GoogleやSNSなどの外部メディアと連携できる。こうした**外部メディアと連携した配信であれば、1セグメントあたり、どれだけ少なくても最低50万ID以上は確保**したい。

リテールメディアは基本的には確定IDを活用した施策が多いので、ターゲットを絞りすぎることで、そもそも施策自体が難しくなったり、想定リーチ数に届かなかったりすることもある。**理想的には、1セグメントあたり100万ID以上を目指したい**ところだ。

さらに、保有しているIDを活用した広告配信を実施するにあたって、ユーザーの許諾を得ているかどうかによって、実施できる施策と施策の

組み合わせが変わる。**大量のIDを取得していたとしても、ユーザーからの許諾を得られていなければ、そのチャネルを使ったコミュニケーションはできず、施策の優先度を変えていくことが必須**となる。

また、同じ小売事業者でも、会員登録した時期や手段（Webサイト、ECサイト、アプリなど）によって、取得しているIDやデータ、許諾を得ているコミュニケーションチャネルが異なるケースがある。未許諾のデータが多い場合は、自社のプライバシーポリシー（個人情報保護方針）を改定したうえで、許諾を必ず得なければならない。

プライバシーポリシーに記載すべき許諾内容には、取得するデータやIDの種類、活用範囲、第三者提供の範囲などが挙げられるので、実施前には必ず確認するようにしたい。プライバシーポリシーについては、本章の第4節（P.196）でもあらためて解説している。

POSデータ（購買情報）

現在では、多くの小売事業者がPOSシステムを導入しているだろう。店舗にPOSレジがあれば、レシートに表示されるような購買情報が、リテールメディアで活用可能なデータとして蓄積できる。前述した**個人を識別するIDとPOSデータを紐付けたものが「ID-POSデータ」**であり、POSデータには以下のようなものが含まれる。

* 購入日時
* 購入店舗
* 購入商品
* 購入商品の数
* 購入商品の価格
* 支払い合計
* 決済手段
* レシートID
* クーポンやポイントの利用有無など

また、商品については「JANコード」と呼ばれる世界共通の商品識

別番号が割り当てられている。JANコードは、国コード、メーカーを表すGS1事業者コード、商品アイテムコードなどで構成される【図4-1-2】。このうちの商品アイテムコードには、容量や色、味などを識別できる最小単位で登録する。

図4-1-2　JANコードの仕組み

1 234567 890128

国コード／GS1事業者コード／商品アイテムコード／チェックデジット

JANコードは13桁または8桁で表され、どの国のどのメーカーのどの商品かを表す。

国コードとGS1事業者コードはあらかじめ決められているが、商品アイテムコードについては独自に付与でき、メーカーが登録する場合と、小売事業者の商品部が登録する場合がある。コードの登録情報にはカテゴリなどが含まれているが、メーカーと小売事業者でカテゴリの分類方法が異なっていたり、登録する人によって付与ルールが異なっていたりするケースがある。

このカテゴリについては、流通業界で付与のルールや標準的な分類がないため、統一することは難しい。**カテゴリの不統一はリテールメディアにおいて、メーカー横断で分析する場合の処理を複雑にする要因となっている**ことを、ぜひ覚えておいてほしい。

サードパーティデータの活用でリテールメディアの付加価値を高める

リテールメディアにおいては、これまでに述べてきた自社（小売事業者）のファーストパーティデータが特に貴重かつ価値の高いデータとなるが、**サードパーティデータを加えることで、実施可能な施策をさらに充実させる**ことができる。代表例として3種類のサードパーティデータと、

想定できる施策について解説する。

ビーコン

　ビーコンは、主にBluetooth Low Energy（BLE）という技術により、一定間隔で信号を送信するIoT端末を店内に設置することで取得可能となる。ビーコンの近くにあるスマートフォンがその信号を受信し、位置情報などのデータを取得できる。

　自社（小売事業者）のアプリと連携することで、**顧客が来店したときにリアルタイムにプッシュ通知を送信でき、「今、このお店で使えます！」といった特別なオファーを届ける施策が可能**になる。購買データや会員データを活用するさまざまな施策は、基本的に過去のデータに基づいて配信することが多いので、店内でリアルタイムにコミュニケーションが取れるという点でビーコンの有用性は高い。

　なお、第2章・第3章に登場した企業でも言及されたように、アドインテでも独自開発した「AIBeacon」というIoT端末を提供している。この端末を導入している大手チェーンでは、リアルタイムに配信したクーポンと、そうではないクーポンの使用率を比較したときに、前者のほうが4倍以上高かったという事例もある。

位置情報

　GPSによる位置情報データに関しては、それを取得するためのSDK（ソフトウェア開発キット）が組み込まれたアプリを経由し、スマートフォンから緯度・経度を含むデータを取得する方法がある。当然ながら、利用できるのはアプリの利用規約やプライバシーポリシーへの同意を得たユーザーのデータに限られる。

　このような位置情報データは、データの付加価値化や統計データなど

を用いて、リテールメディアの価値向上に活用されている。

テレビ視聴ログデータ／テレビメタデータ

　テレビ視聴ログデータとは、インターネットに接続されたテレビから収集できるユーザーの視聴データを指す。このデータには、**あるテレビが「いつ」「どの放送局で」「どの番組を視聴したのか」といった情報**が含まれている。最近では、テレビメーカー各社がユーザー同意を得たデータとして数百万台分を保有しているほか、それらを統合したデータもあるので、数千万台分のデータを分析できる。

　さらに、名寄せした広告識別子（推定ID）も保有していることから、テレビを見たであろうユーザーへのダイレクトなアプローチも可能だ。第1章第3節（P.33）の米国事例でも紹介した通り、ウォルマートがテレビメーカーのVIZIOを買収して話題となったが、テレビ視聴ログデータを活用することで、リテールメディアとCTV-OTTの連携はもちろん、分断されていたマス広告とデジタル広告、そして店舗を活用したリテールメディアとの連携は、これまで以上に双方のメディア価値を上げていく関係になっていくだろう。

　テレビメタデータは、テレビ番組やテレビCMの放送内容を、実際に人が張り付きながらテキストデータとして記述したものを指す。例えば、筆者も活用している株式会社エム・データが提供するデータには、次のような情報が含まれている。

＊**テレビ番組データ**
　放送日時、放送局、番組名、出演者、番組内容、ジャンルなど。
＊**テレビCMデータ**
　放送日時、放送局、広告主、商品名、CMの内容、出演者、使用楽曲など。

* **商品データ**
  番組内で紹介された商品の情報（商品名、メーカー名、価格、ECサイトのURLなど）。
* **スポットデータ**
  番組内で紹介されたお店や施設の情報（所在地、営業時間、URLなど）。
* **タレントデータ**
  テレビ番組やCMに出演しているタレントの情報（名前、所属事務所、生年月日など）。

筆者はこのようなデータを活用しながら、CMの放映回数が多いブランドや特番で紹介された商品を特定し、店頭販促の企画を組んだり、デジタルサイネージのコンテンツ作成にも役立てたりしている。

天候などのオープンデータ

リテールメディアでの広告配信においては、一般に公開されていて誰でも自由に利用できるオープンデータを連携させることも想定できる。筆者の支援先の事例では、全国に店舗を構えている大手チェーンにおいて、北海道では気温が10℃以下なのに、沖縄では翌月に海開きを迎えるといったケースがあった。

この場合、**天気や気温のオープンデータを活用することで、気温が10℃を下回る地域には防寒や温かい飲み物のキャンペーン情報を配信**するなど、地域の特性やその日の天気・気温に合わせて店頭サイネージのコンテンツをリアルタイムに変えていくこともできるだろう。

ほかにも、降水量が多い地域には雨の日クーポンを配信する、花粉の飛散量や暑さ指数などと連携したキャンペーンを実施するなど、オープンデータの活用法はアイデア次第で広がるはずだ。

PaaSやETLツールを活用。
データを集約する環境を整備する

　ここまでに述べたファーストパーティデータとサードパーティデータは、活用可能な形に処理したうえで、自社のデータウェアハウスに集約していく必要がある【図4-1-3】。以降はやや技術寄りの解説になるが、**データを収集・格納するだけではなく、広告などの施策で活用できるように整形するためのステップがある**ことを理解してほしい。

　まず、リテールメディアに必要な各種データはPaaS[※1]に格納していくことが一般的だ。PaaSには自社でデータセンターを構えることなく、大量のデータをリアルタイムで蓄積できるメリットがある。代表的なサービスとしては「Amazon Web Service」(AWS)や「Microsoft Azure」「Google Cloud」があり、小売事業者のID-POSデータは、ほぼこのいずれかのPaaSに格納されているといっていい。

　また、必要なデータが分散していると処理しにくいため、ETLツールを介して1つのデータウェアハウスに集約する。ETLは「Extract」「Transform」「Load」の頭文字を取ったもので、データの統合と管理のための次の3つのプロセスを指す。

＊ **Extract**（抽出）
　データベース、ファイル、APIなど、さまざまなデータソースから必要なデータを取り出す処理を行う。

＊ **Transform**（変換）
　抽出したデータを利用可能な形式に変換する。データのクレンジング、フォーマットの変更、データの統合などが行われ、データを一貫

※1　PaaS:「Platform as a Service」の略で、サービスとしてのプラットフォームのこと。クラウドベースのプラットフォームサービスで、アプリケーションの開発・管理・実行に必要なインフラを提供する。

性のある、信頼できる形に整える。

* **Load（格納）**
変換されたデータをデータウェアハウスに格納する。これにより、ビジネスインテリジェンス（BI）ツールやデータ分析ツールが効率的にデータにアクセスできるようになる。

近年ではSaaS形式で提供されるETLツールが多く、クラウドベースで簡単にETL処理ができる。また、多くのデータウェアハウスにETLツールが組み込まれており、ほぼすべてのデータソースとシームレスに連携できる。

アドインテの場合、**各種データソースを「Azure Databricks」というビッグデータ分析サービスに集約**しており、同サービスのETL機能などを駆使して分析可能なデータとして蓄積している。

Azure Databricksは、データを集計・分析するエンジン部分と、データを蓄積するストレージ部分が分離されたアーキテクチャを採用している。エンジンとストレージが一体化している場合、データ容量が増加すると

図4-1-3 小売事業者におけるデータ集約のイメージ

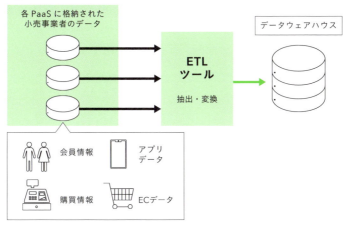

小売事業者のデータはETLツールによって処理されてから、データウェアハウスに格納される。

スケーリング[※2]が難しくなるが、Azure Databricksの分離アーキテクチャにより、必要に応じて個別にスケーリングができる。

　さらに、ストレージは顧客ごとに独立してデータを格納しており、データの混在や他社データへの不正アクセスといったトラブルを未然に防止できるようにしている。次項では、ETLのTransform（変換）にあたる処理とAzure Databricksでの処理について、リテールメディアならではの注意点や工夫について紹介する。

分析に耐えうるデータに変換するためのクレンジング

　収集したファーストパーティデータなどは、そのままでは利用できないことはすでに述べた。小売事業者のID-POSデータは、企業によってCSV形式・テキスト形式のようにフォーマットが異なる。これらのデータをデータウェアハウスで分析可能にするためには、**構造化データとして整理されたテーブル形式に変換する処理**が必要だ。

　また、企業によっては営業時間の関係で、1日を30時間など、24時間ではない単位で区切っているケースがある。それではシステムが時刻を正しく処理できないため、24時間表記に変換し直す必要がある。

　さらに、購買データをID-POSデータのレシートIDによって、厳密に区別しなければならない。レシートIDの採番ルールは小売事業者によって異なり、桁数も異なる。中には店舗ごとに4桁程度の少ない桁数で管理しているケースがあり、ほかの店舗のレシートIDと重複する事態が発生する。その場合は、データを一意に識別できるようにIDを割り当て直し、変換することになる。

※2　スケーリング：システムの処理能力やストレージ容量を増減すること。

このように収集したデータを、分析に耐えうる形式に整える作業を「クレンジング」と呼ぶ【図4-1-4】。小売事業者ごとにデータの形式やルールが異なるため、詳細に調査したうえで分析可能なフォーマットに変換する必要がある。このクレンジングの精度によって、データを活用したさまざまな施策の分析精度が大きく変わってきてしまう。

加えて、小売事業者のデータを扱うにあたっては、ID-POSデータのJANコードにも注意が必要だ。JANコードと顧客が持つマスターコードを結合して商品名やカテゴリを調べてみると、マッチしない商品が多数発生する場合がある。その場合は、マスターコードとJANコードが異なっていることを疑う必要がある。

POSシステムを自社開発している小売事業者はほぼなく、ほとんどがベンダーに依頼して開発したPOSシステムを利用している。しかし、開発してから長い年月が経過し、仕様や実装の経緯を知っている人が、社内にもベンダーにもいないということがめずらしくない。

仕様書と実際のデータが一致しないことも多く、ある小売事業者が調査してみたところ、第2のマスターデータが見つかったというケースもあった。長い歴史の中で管理が複雑化してしまっているので、それを紐解くところから始めなければならないのだ。

図4-1-4 データクレンジングの例

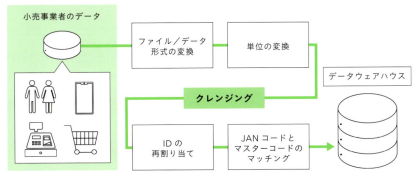

小売事業者のデータを分析が可能なデータにするために、何段階かの変換処理を行う。

万が一、JANコードとマスターコードがマッチしないままデータ分析をしてしまうと、ID抽出のプロセスにおいて、その商品の購入者が「0件」になってしまう。それでは、本来情報を届けるべきユーザーに適切な情報を届けられないばかりか、当然ながら、施策後の購入分析において正しい分析結果を得ることができない。よって、このような不具合が発生することを前提に、データをくまなく調査し、分析に耐えうるデータに変換する地道な努力が必要なのである。

なお、JANコードとマスターコードが一致しない背景には、一般には流通しない惣菜など、その店舗だけで販売する商品に付けられるインストアJANコードが影響しているケースもある。インストアJANコードは除外して集計しなければならない。

以上のように、データの品質を担保するには、そのままのデータを使うのではなく、小売事業者の背景を理解したうえで、適切な変換処理を行っていくことが不可欠であることが理解いただけたと思う。

現在、アドインテではID-POSデータの分析実績が4万店舗を超え、毎日数千万人の購買データを分析している。豊富なデータ処理の経験とノウハウを蓄積してきたことから、データの構造を見れば、そのデータの特性を把握できるようになっており、変換すべき箇所、補足すべき箇所を特定し、適切な変換を行っている。

Azure Databricksが可能にするビッグデータの高速処理

アドインテでは、各種データをAzure Databricksに集約しているとすでに述べた。本項では、この環境について詳細を説明したい。

Databricksは米国のDatabricks社が提供するプラットフォームで、AWS、Microsoft Azure、Google Cloudのいずれでも利用できる。Azureの

場合はDatabricks社との連携により特別な構成が提供されており、アカウント管理や認証機能をAzureが担うことでセキュリティが強化されている。**Databricksは高速処理が可能なデータプラットフォームであり、同時にAIプラットフォームでもあるため、データエンジニアリングはもちろん、機械学習も可能だ。**

　小売事業者のデータは、月間で1億件以上のトランザクションデータが発生する。複数の小売事業者のデータを合わせると、取り扱うデータの容量が数十億件を超えてくる。さらに、ほかの自社サービスで収集したログデータも、1日あたり何十億件単位で送信されている。

　以前は別のシステムを導入していたが、速度とパフォーマンスは運用コストに直結し、事業推進に影響を与えるため、より処理性能が高いAzure Databricksへ移行した。現在ではマイクロソフトとパートナーシップ契約を結び、Azure開発のエンジニアと技術研修を行っており、マシンチューニングやシステム構成の最適化に生かしている。

　なお、**リテールメディアのようなビッグデータを処理する際には、処理系統ごとにコンピューティングリソースを独立して構築できるアーキテクチャを採用するべき**だと、筆者は考えている。例えば、広告主から「この1年間で、自社商品と併買された商品のデータ一覧が見たい」という要望があれば、兆単位の購買データから集計することになる。それと同時にデータのクレンジングや整形・集計といったバッチ処理に加えて、処理に失敗した際のリカバリも行うため、同じコンピューティングリソースを利用する従来型のデータウェアハウスでは都合が悪い。

　アドインテでは数分でデータ分析ができる仕組みを整えているが、こうした高速な処理の実現は、処理ごとにコンピューティングリソースを割り当てることができ、かつ専有して使えるというDatabricksのアーキテクチャが支えている。

分析メニューの最適化により、多様な要望に応える効率化を実現

　アドインテが実施している小売事業者のデータ処理について解説してきたが、小売事業者がリテールメディアを内製して運用する場合は、データ処理の知見のあるデータエンジニアやマネージャーを採用し、前述のようなシステムアーキテクチャを構築する必要がある。**フロントエンドからバックエンドまで、一気通貫での最適化を図らないと膨大なデータを正確に処理できず、リテールメディアとしての運用が難しくなる**ことは指摘しておきたい。

　アドインテにおいても、以前は広告配信のターゲットとするユーザーを抽出するために、データエンジニアがSQLのコードを手動で書いていた。条件に合わせて複数回にわたってユーザーを絞り込む必要があるので、24時間システムを稼働させ、5日間ほどの時間を費やしており、その実務を担うシステム部門の負荷が高くなっていた。

　営業担当者としては、クライアントからの要望に応えるべく、すぐにターゲットの抽出や分析を行って提案につなげたいのだが、数日の待ち時間が発生していて、スピード感のある対応はできなかったのだ。

　広告主は小売事業者のデータを活用することで、これまでは不可能だったオフラインのデータを活用したターゲティングや効果測定が可能になるので、試してみたい施策や、実施後のレポートで確かめたい分析項目がたくさんある。しかし、時間をかけて抽出した結果、ターゲットを絞り込みすぎて広告予算に対してリーチする母数が少なくなってしまい、実施することができないという事例もあった。

　そこで、要望の多いターゲット抽出やユーザー分析を自動化し、提供できる環境を構築した。広告をよく知る営業担当者が、メーカー担当者とのやりとりの中で**特に需要のある分析や、過去事例で効果が高い傾**

向にあった分析をもとにメニュー化し、それに合わせて必要なデータがすぐに抽出できるようなデータベースを設計した。

その結果、クライアントの要望を受けてから、データ分析、データ抽出までの処理が最適化され、5日間かかっていた抽出が数分で可能になり、作業工数を大幅に削減することに成功した。現在では、データエンジニアが抽出のためのコードを毎回書く必要はなく、営業担当者自身がMicrosoft Power BI[※3]を使ってデータを抽出し、顧客に提案できる仕組みが整っている【図4-1-5】。また、データエンジニアに余力が生まれたことで、顧客ごとによりカスタマイズされた分析や、AIサジェストの機能追加など、より高度な分析が可能になっている。

図4-1-5 営業担当者によるデータ抽出・分析のイメージ

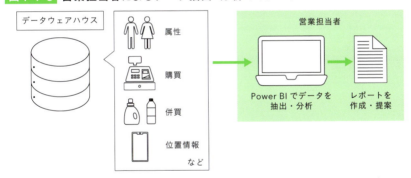

エンジニアの手を借りずに必要なデータを抽出できる仕組みを整え、大幅な業務効率化を実現した。

※3 Microsoft Power BI：データの可視化とビジネス分析のための、クラウドベースのビジネスインテリジェンス（BI）ツール。

4-2 データを活用した施策の事前分析と事後分析による検証

自社が保有するデータと分析環境の準備が整ったら、施策の事前分析としてターゲティングするべきセグメントを検討したり、事後分析として広告配信後の効果を検証したりする。これらの精度が、実際の広告配信や次の施策に影響する。

事前分析でターゲットとするセグメントや施策の内容を定める

　リテールメディアの取り組みにおける**事前分析の目的は、顧客の購入履歴などのデータから、広告に接触することで購入する可能性が高いユーザーセグメントを絞り込み、そのセグメントに対して適切な広告クリエイティブを作成していく**ことにある。ただ、蓄積されているデータが膨大であるため、事前分析のたびにエンジニアがプログラムを書いて処理をしていては、相当な時間が必要になってしまう。

　そこでアドインテでは、400ブランド以上でリテールメディア配信における施策を実施した経験から、必要なデータセットをあらかじめ用意して迅速に分析できるようにしている。データセットごとに数億行単位のデータが入っているため、月に1回程度の更新に丸1日もかかるが、営業担当者が提案に必要な事前分析をする限りにおいては、10分程度でデータを抽出できるようになっている。

　事前分析では、次のような分析手法を用いて多角的に分析を行い、仮説を立てる。また、リテールメディア実施後の効果予測まで、事前分析で行うこともある。

＊ **属性分析**
顧客の性別、年齢、地域などの属性データをもとに、特定の商品やサービスの購買層を理解するための分析。セグメントやターゲットを効果的に計画できる。

＊ **RFM分析**
顧客の購買行動を「最近の購入からの経過時間」(Recency)、「購入頻度」(Frequency)、「購入金額」(Monetary) の3つの観点から分析する。これによって顧客の購買活動を評価し、セグメントやターゲットとするIDを選定する。

＊ **購買周期分析**
顧客が特定の商品をどれくらいの頻度で購入するかを分析する。商品の再購入タイミングから、施策の検証期間を決める。

＊ **併買分析**
顧客が1回の購買でどの商品やカテゴリを一緒に購入する傾向にあるかを分析する。セグメントやターゲットを効果的に計画できる。

＊ **流入元分析**
特定の期間に商品を購入した顧客が、その前の期間に何を購入していたかを分析する。これにより、新商品やプロモーションの効果を評価し、顧客がどの商品やブランドから流入してきたかを把握できる。

＊ **流出先分析**
特定の期間に商品を購入した顧客が、その後の期間に何を購入したかを分析する手法。これにより、顧客がどの商品へ流出していったか、または競合他社のブランドに移動したかを把握できる。

以降では、事前分析の一例を紹介する。**自社が扱っている「商品カテゴリA」の「ブランド1」を対象とした分析で、競合として10ブランドほどが存在すると仮定**する。製菓メーカーのクッキー(カテゴリ)に10個ほどの商品(ブランド)が存在するなど、自由に想定してほしい。

紙面の都合上、前ページのすべての分析手法を掲載することはできないため、ブランドリピート、リードタイム、流入元・流出先の3つの分析について見ていく。なお、今回の仮定において、購入者の性別×購入回数、購入者の年代×購入回数の分析はすでに実施しており、性別や年代による大きな違いはなかったとする。

ブランドリピート分析

　商品カテゴリAに含まれるブランド全体と、各ブランドごとの購入回数（1回／2回／3回／4回／5回以上）の割合を分析した【図4-2-1】。その結果、商品カテゴリAのブランド全体で見ると、2回以上購入している割合が50.05%であるとわかった。

　ブランド別に見ると、ブランド1を2回以上購入している割合は38.35%と、商品カテゴリAのブランド全体よりも低い。一方、最もリピートの割合が多いブランド3でも、55.85%の人が1回しか購入していない。このことから、商品カテゴリAにおいては各ブランドとも定着率に課題があることがうかがえる。

図4-2-1　ブランドリピート分析の結果

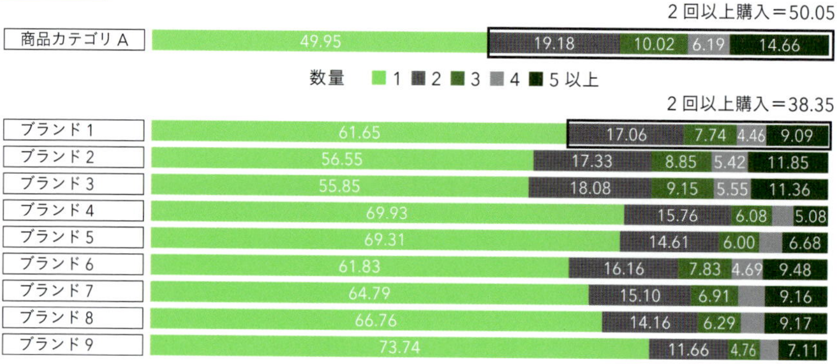

2回以上購入=50.05

	1	2	3	4	5以上
商品カテゴリA	49.95	19.18	10.02	6.19	14.66

数量　■1　■2　■3　■4　■5以上

2回以上購入=38.35

	1	2	3	4	5以上
ブランド1	61.65	17.06	7.74	4.46	9.09
ブランド2	56.55	17.33	8.85	5.42	11.85
ブランド3	55.85	18.08	9.15	5.55	11.36
ブランド4	69.93	15.76	6.08		5.08
ブランド5	69.31	14.61	6.00		6.68
ブランド6	61.83	16.16	7.83	4.69	9.48
ブランド7	64.79	15.10	6.91		9.16
ブランド8	66.76	14.16	6.29		9.17
ブランド9	73.74	11.66	4.76		7.11

商品カテゴリAのブランドでは、複数回購入も起きているがリピート率は高くなく、ブランドスイッチが多いカテゴリであることがわかった。

リードタイム分析

ブランド1について、次回購入までのリードタイム（購買周期）を分析した【図4-2-2】。その結果、初回購入から4週目に再購入される傾向が高く、そこをピークとして右肩下がりとなる。8週目までで、およそ8割が再購入している。

図4-2-2 リードタイム分析の結果

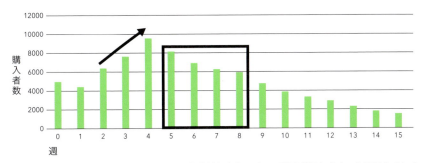

ブランド1の次回購入までのリードタイムを分析したところ、4週目が最も多く、8周目までに8割が再購入されることがわかった。

流入元・流出先分析

商品カテゴリAの主要ブランドにおける、ブランド1の流入元と流出先の調査を行った【図4-2-3】。流入元について、最多はブランド2であるとの仮説を持っていたが、その通り、ブランド2からの流入が多かった。ただ、ブランド3、4からの流入も同程度あることがわかった。

一方、流出先も最多はブランド2であり、ブランド3とブランド4も多い。つまり、ブランド1はブランド2、3、4との間で、流入・流出のどちらも起きている状況がうかがえる。

図4-2-3 流入元・流出先分析の結果

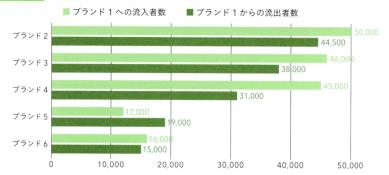

ブランド1の購入者が前の一定期間、および後の一定期間に購入していたブランドは、ブランド2、3、4が多いとわかった。

事前分析の総括

　事前分析をした結果、商品カテゴリAにおけるブランド1は一定数のリピートはあるものの、ブランド2、3と比較すると購入回数が少ない。また、ブランド2、3に対しては流入・流出が共に起きている。

　そこで、リテールメディアにおけるブランド1の施策としては、リピート購入をブランド2、3と同水準に引き上げ、商品カテゴリA内でトップクラスの継続率を目指すこととした【図4-2-4】。

図4-2-4 事前分析に基づく施策の目標

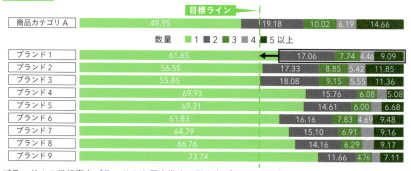

ブランド1の継続率をブランド2と同水準まで引き上げることを目標にする。

また、リードタイム分析の結果から、ブランド1は4週目に再購入のピークを迎えるものの、その後の5〜8週目までは下がり幅が緩やかである。よって、購入から8週間（約2カ月間）までに再購入を促すコミュニケーションが有効であると仮説を立てた。

　最終的に、①商品カテゴリAの購入者をターゲットとし、ほかのブランドからの新規流入を狙うこと、②ブランド1の購入者のうち、購入から2カ月以内のユーザーをターゲットとして再購入を促すこと、の2点を目標として、広告施策を展開することに決定した。

事後分析で次の施策につながる有望セグメントを発見

　ここまで、事前分析の一例を紹介した。以降では施策実施後の分析について、アドインテでの状況を踏まえつつ解説したい。

　事後分析では、リテールメディアでの広告配信結果や効果を迅速に分析し、次回の施策に生かすことが重要だ。例えば、広告を配信したあと、特に流入が多かったセグメントや購買傾向が高まったセグメントを特定できれば、次の施策では、より精度の高いターゲティングで効率的な配信を行うことができる。

　しかし、事前分析と同様に、分析のためのレポート作成業務の効率化が大きな課題となる。リテールメディアでは、既存のデジタル広告には存在しなかったリアル店舗の購買データを活用できるため、さまざまな分析結果を見たくなるのは当然の気持ちだろう。かといって、施策を実施するたびに分析項目を変更して効果検証を行うと、検証期間が長引き、次の施策の企画・実施が遅れることになる。

　アドインテでは、**事後分析に関しても共通の分析項目を設け、フォーマットを用意することでレポート作成の効率化を図っている**。レポート

をフォーマット化することにより、必要なデータセットが固定化され、データ抽出の処理も効率化される。データウェアハウスにはレポート作成に必要な集計済みの専用テーブルが用意されており、分析担当者が迅速にデータを取得できるようにしている。

広告配信後には、JANコードや期間などのパラメータを設定することで、Excel形式でデータを収集できる。分析担当者は、そのExcelファイルをダウンロードしてPowerPointでレポートを作成したり、レイアウトを調整したりすることが可能だ。

もちろん、すべてがフォーマットの通りに収まるわけではなく、カスタマイズレポートとして個別対応を行うこともある。しかし、共通の分析項目を設けてレポートの作成プロセスを効率化することにより、個別対応が発生した場合の分析リソースを確保し、より柔軟かつ深い洞察で改善点を見つけ出せるようにしている。

なお、事後分析におけるアウトプットのツールとしては、BIツールではなく、あえてExcelを採用している。その理由は、フレキシブルに形式などを変更できることを優先したためだ。

データ分析は、データエンジニア、分析アナリスト、営業担当者、マーケティング担当者など、さまざまな人材が利用する。SQLクエリを書ける人や機械学習のアルゴリズムで分析できる人もいれば、データ分析のスキルに長けていない人もいる。こうしたスキルの差は職務の違いによっても生まれるため、誰もが使いやすく、シンプルに扱える形式としてExcelを採用することにした。

本節で触れた内容は、リテールメディアにおける事前分析・事後分析のほんの一例ではあるが、**収集・整理したデータを客観的に観察したうえで施策の目的を決定し、その効果検証から次の施策を企画していく流**れを理解いただけたかと思う。

4-3 広告配信における ターゲティングと 目的・媒体の選定

リテールメディアを活用した広告配信におけるターゲティングの設定と、目的や媒体を選定するときの基本的な考え方について解説する。従来のデジタル広告と共通する部分もあるが、新しい発想で臨んでほしい部分もある。

「対象商品の購入者」を起点に ターゲティングを段階的に拡張していく

　本書で繰り返し述べてきたように、リテールメディアの大きな強みの1つに、リアル店舗の購買データから広告配信のターゲットを決定できる点が挙げられる。既存のデジタル広告では特定が難しかった「購買事実」に基づいたコミュニケーション設計が可能なため、その特徴を生かして**「対象商品の購入者」、例えば競合商品の購入者などを起点としてターゲティングを考えていくのが基本**となる【図4-3-1】。

　従来のデジタル広告では、GoogleやFacebookなどのプラットフォームが保有しているオーディエンスを対象に、性別や年齢、居住地などの属性データに加え、オンラインにおけるユーザーの行動データをもとにターゲティングを決定することが多い。こうした行動データから分析できる、ユーザーの興味・関心や購買意欲、ライフスタイルの分類は「アフィニティカテゴリ」と呼ばれる。

　例えば、健康志向のユーザーは「フィットネス」「健康食品」「ウェルネス」に関心があるユーザーとみなし、テクノロジーに関心のあるユー

ザーは「最新のガジェット」「ソフトウェア」「テクノロジー」のトレンドに興味を持つというように分類する。アフィニティカテゴリに基づくターゲティングは購買事実からは遠のくものの、市場全体のターゲットに幅広くリーチできるという特徴がある。

リテールメディアでは、店舗における対象商品の購入者を起点にターゲティングができるが、1つの商品やブランドの購入者だけに絞ってしまうと、おのずと母数は限定される。その結果、広告の配信ボリュームが足りなくなるという課題がよく見受けられる。

こうした課題の解決策としては、大きく分けて2つの方法がある。1つは、小売事業者の会員内で「対象商品の購入者」から「対象会員に似た購買傾向を持つユーザー」へと拡張していく「会員内拡張」という方法だ。ターゲットを段階的に拡張しながら、ファーストパーティデータの範囲内で精度も保ちつつ母数を増やしていくことが可能だ。

もう1つの「外部メディア拡張」という方法では、対象会員に近い属性を持つ非会員をターゲットに、外部の広告プラットフォームのデータを活用していく。多くのユーザーにリーチできるメリットがある一方

図4-3-1 従来のデジタル広告とリテールメディアにおけるターゲティング

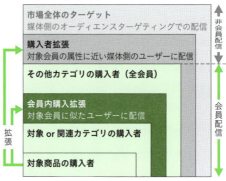

従来のデジタル広告では市場全体からユーザー属性やアフィニティカテゴリに基づいてターゲティングするが、リテールメディアでは購入者を起点に拡張して配信できる母数を増やしていく。

で、購買計測まで実現することは難しくなる。

　なお、アドインテにおいては、ほかにも活用可能なデータが非常に多くあるため、こうした課題に悩むことは少なくなってきている。

リテールメディアの広告配信で最初に考えたい3つの目的

　リテールメディアを**初めて活用する場合であれば、あまり細かくターゲットを絞り込みすぎるよりも、ある程度のデータのボリュームを確保しながら実施するのがおすすめ**だ。多くの事例では、次の3つの目的で広告配信を開始している。

* **新規顧客の獲得**
  同じカテゴリの商品を購入しているが、自社の商品を購入していない人に広告を配信する。
* **既存顧客のリピート購入促進**
  既存顧客に広告を配信し、ブランドの理解を深めてもらいながらリピート購入を促す。
* **離反顧客の呼び戻し**
  過去に購入していたが、直近で購入しなくなった人に広告を配信し、再購入につなげる。

　まず、新規顧客の獲得が目的であれば、対象カテゴリまたは併買傾向の高い関連カテゴリの購入者の中から、自社商品の未購入者をターゲットにするのが適切だ。さらに配信ボリュームを拡張したい場合は、対象商品の購入者と属性や購買傾向が近いユーザーを抽出してターゲットに設定するとよい。

目的が既存顧客のリピート購入促進、あるいはブランドからの離反防止であれば、対象商品の購入者に広告を配信し、ロイヤルユーザーへの転換を狙っていく。また、目的が離反顧客の呼び戻しであれば、購入者を期間で区切り、過去には購入していたが最近では購入しなくなった人をターゲットにするのが効果的といえる。

　ちなみに、**自社の仮説検証を目的とする場合は、併買傾向に基づいたターゲティングが役立つ**ことがある。例えば、ある小売事業者の店舗における事前分析で「二日酔いの薬を購入しているのに、アルコール飲料は購入していない人々が数多くいる」という結果が出たとしよう。

　この場合「アルコール飲料はほかの店舗で購入している」といった考えが容易に浮かぶが、一方で「こうした人々をターゲットにしたコミュニケーション次第では、自社のアルコール飲料の売上を伸ばせるのではないか？」という仮説も立てることができる。このように購買事実から逆算して仮説を立て、広告配信の結果から、その仮説を検証することができるのもリテールメディアの面白いところだ。

配信可能な媒体は多彩だが、あえて限定しない発想も大事

　広告のターゲットとするセグメントが決まったら、小売事業者のオウンドメディアや外部メディアへの配信を実施する。

　小売事業者のアプリやECサイト、Webサイトなどのオウンドメディア（オンサイト）に配信する場合は、ID-POSデータから抽出したターゲットIDを広告配信の管理画面で設定するか、データをアップロードする（企業ごとに配信手法は変わる）。指定されたIDに対して広告が配信され、閲覧状況やクーポンの取得状況などを分析できるほか、最終的には店舗での購入の有無も確認することができる。

外部メディア（オフサイト）の媒体に配信する場合は、同様に広告配信をするターゲットを抽出し、広告プラットフォームにメールアドレス、広告ID、電話番号など、ユーザーが許諾しているIDをそれぞれの媒体の管理画面からアップロードする（このデータをプラットフォーム側で二次利用することはできない）。外部メディアに配信した場合でも、最終的に購入に至ったかどうかを検証することもできる。

　小売事業者ごとに配信できる外部メディアが限られていることもあるが、基本的に広告主が希望する媒体を選ぶことは可能だ。しかし、筆者は最近、リテールメディアにおける媒体の選定について、今まで通りの考え方で選定する必要性がどこまであるのかを考えることがある。

　デジタル広告の媒体選定が重要だったのは、各媒体によってユーザー属性やユーザー数、アフィニティカテゴリに特徴があり、それらが重要だったからだ。例えば「ファッションが好きな20代女性に届けたいから、Instagramで広告を配信する」という考えは合理的である。**ユーザーのペルソナ×クリエイティブ×媒体で選定していくのは、従来のデジタル広告であれば当たり前の流れ**だろう。

　しかし、リアル店舗においてすでに競合商品を購入している人や、自社ブランドを購入しているという「事実」をもとにターゲティングできるリテールメディアにおいては、**「媒体」を選定する意味合いが従来のデジタル広告より薄れてしまうケースがあるのではないか**と筆者は考えている。この観点に立つと、CPC[※1]やCPM[※2]が安い、あるいはリーチが取れるという指標で各媒体を比較するなど、まずはユーザーに広告を見てもらうことを最優先して選定すべきだということになる。

　もちろん「動画広告を配信したいからYouTube」といったようにクリエイティブの種類によって媒体を選んだり、「リビングでくつろいでい

※1　CPC：「Cost Per Click」の略。広告のクリック単価のこと。
※2　CPM：「Cost Per Mille」の略。広告を1,000回表示するために必要な費用のこと。インプレッション単価と同義。

る機会を狙いたいからCTV-OTT」などと広告視聴態度や視聴タイミングを考慮して媒体を選ぶことの妥当性もある。ただ、筆者の経験上、リテールメディアにおいては、そのような発想で媒体を限定することが機会損失につながっていると疑われるケースが過去に度々あった。

そのような事例の1つとして、あるスーパーマーケットのデータを活用し、食用油のブランドリニューアルを行ったケースを挙げたい。施策に着手した当初は、食用油の購入者を中心に広告を配信しようと分析を進めていた。しかし、食用油という商品はほとんどの家庭が必要とするものであり、スーパーマーケットの主な客層である主婦は、当然ながらほぼ全員が購入者に該当する。そこで、ブランド担当者と相談したうえで、結果的にスーパーに来店している主婦層全員に広告を配信することにした（同時に購買周期も分析）。

この事例において、従来のデジタル広告ではなく、リテールメディアで実施したからこそ得られたメリットは3つある。1つ目は、従来のデジタル広告だけではターゲティング精度の証明は難しいが、リテールデータを活用した結果、**家庭の購買意思決定者である主婦層に対して確実に配信できる**ということだ。

2つ目は、購買周期に合わせたコミュニケーションが取れること。食用油のように次回購入までの周期が長い商品では、従来のデジタル広告を1週間ほど配信しても、購入するタイミングを狙ったコミュニケーションは難しい。3つ目は、リアル店舗での購買検証が可能なことだ。この食用油では従来のデジタル広告を過去に配信してきたが、実際に購入されたかの検証はできていない状態だった。

「主婦層であれば従来の広告でもターゲティングできるのでは？」という質問も聞くが、食用油のように誰でも購入する商品であっても、リテールメディアを活用するメリットは大きい。ただし、**あえてセグメントを細かくしすぎず、媒体も限定せずに実施したほうが結果がよくなるケースがある**、ということも覚えておいてほしい。ほかにも、ティッ

シュペーパーや衣料用洗剤といった日用品全般が当てはまるだろう。

　さらにいえば、計画購買されやすい商品なのか、非計画購買（いわゆる衝動買い）が起こりやすい商品なのかによっても、ターゲティングの考え方は異なってくる。広告配信の目的に応じてリテールメディアのデータを活用し、効果の最大化を目指してほしい。

4-4 個人情報保護方針や組織体制などの課題への対処法

ここまでデータの整理や分析、広告配信におけるターゲティングなど、技術寄りの話題を取り上げてきた。本書の最後となる本節では、より実務的な視点から、リテールメディアに関わる企業が考えるべきことを紹介したい。

小売事業者には必須となるプライバシーポリシーの確認・改定

小売事業者はリテールメディアを運用するにあたって、顧客に提示する個人情報保護方針（プライバシーポリシー）を見直し、アップデートしておく必要がある。自社のアプリなどを利用して顧客のデータを収集するにあたっては、顧客自身からポリシーへの同意が必要であり、同意がなければ広告配信などのために利用することはできない。

個人情報保護方針の確認・改定において考えるべき点は多数あるが、ここでは最も基本的な2つのポイントに絞って、明記すべき事項について例を挙げながら説明する。

1つは個人情報の「利用目的」だ。次ページの【引用1】のような文言を含めて、広告やプロモーションでの利用や提供範囲、オプトアウトの方法などについて明記する必要がある。

もう1つは個人情報の「第三者への提供について」で、次ページの【引用2】のような文言を掲載するのが好ましい。このポリシーに同意してもらうことで、広告配信事業者へのデータ提供が可能になる。

引用1
- 店内プロモーション、広告、商品・サービス、ウェブサイトなどの内容をお客様が更にご満足いただけるようサービス向上や改善をするため
- 商品・サービス、ウェブサイト、広告などの内容を個々の利用者に合わせてカスタマイズするため
- 広告配信事業者、データ分析事業者、業務提携先等の第三者に提供するため
- 広告配信事業者、マーケティング会社、DMP事業者等の第三者から取得したお客様の個人関連情報を、当社が既に有しているお客様の個人情報と結びつけて本項目記載の目的で利用するため
- なお、取得する個人関連情報には、以下の項目が含まれる場合があります
  - Cookieデータ及びCookie類似技術を利用した情報
  - 広告識別子
  - WEB上の識別子
  - お客様が閲覧した対象サイトのURL及びお客様が対象サイトを閲覧した時刻
  - お客様が対象サイトを閲覧した際に利用した端末関連情報及びブラウザ情報（IPアドレス、OS及びブラウザ種別を含む）
  - Cookie ID、広告識別子等の各種識別子に紐づく、ウェブサイトやモバイルアプリケーションにおける閲覧履歴、検索履歴や購買履歴等の情報、及び属性情報や趣向等の情報

引用2
前項にかかわらず、当社は、お客様がこのプライバシーポリシーにご同意いただいた場合、当社の広告配信事業者、データ分析事業者、業務委託先、業務提携先等の第三者にお客様の個人データを提供することがございます。この場合、当該第三者提供先において、個人データの分析及び個人データの統計情報の作成、広告出稿及び販売促進効果の検証、マーケティング施策の実施・検討、メーカー企業・他の広告配信事業者・データ分析事業者等の外部企業への分析データ・統計データ等の提供、その他第三者のサービス開発及びサービス向上等の目的で利用する場合がございます。

ほかにも、**外国にある第三者への提供として、GoogleやX、Meta**などの**プライバシーポリシーの記載や、それぞれのオプトアウトの方法も記載が必要**になってくる。個人情報の種類、取得方法、利用目的、第三者への提供と共同利用の範囲、開示請求の方法などを中心に、自社の個人情報保護方針をあらためて確認してほしい。

社内の顧客接点を洗い出し、既存の販促メニューとの分断を防ぐ

リテールメディアを活用した広告配信先として、小売事業者は自社のアプリやECサイト（オンサイト）、GoogleやSNSなどの外部メディア（オフサイト）だけでなく、店舗のオフラインの顧客接点についても整理しておくことをおすすめしたい。

これまで社内には数多くの販促メニューが存在していたと思うが、**新しく構築したリテールメディアと既存の販促メニューは別々に管理されており、一元化されていない**ケースがほとんどだろう。また、縦割りの組織形態によって**販促メニューごとに関わる部署が異なり、複数の顧客接点を横断した活用ができていない**ケースも非常に多く見られる。

アドインテの支援先でも、すべての販促メニューを洗い出し、横断的に活用できるように体制を整えている。例えば、折込チラシ、DM、リーフレット、メールマガジン、店内放送など、既存の販促メニューとして想像以上に多くの接点があるはずだ。そして、それぞれを次のような項目で整理してみてほしい。

＊メニュー名　　　　＊ポジショニング（目的）
＊主幹となる部門　　＊ターゲティングの可否
＊媒体　　　　　　　＊メニュー内容・詳細・金額

顧客接点を整理することで、オンラインとオフラインを統合したフルファネルで顧客とのコミュニケーションが可能になる。リアル店舗での購入を軸とするリテールメディアは、どうしてもマーケティングファネルの下側、つまり購入に近い部分を狙うイメージがあるが、データをもとにさまざまなメディアと連携できるようになった今、ファネルの上側にある認知施策での効果的な活用も可能なはずだ。

筆者は以前からデジタル広告業界に携わってきたが、リテールメディアという領域に踏み込んでみた結果、「リアル店舗の価値とデジタル広告の価値のバランスが崩れてきているのではないか？」と違和感を感じることがある。**みなさんも今一度、「顧客が店舗に来店して商品を手に取る」という行動の価値を意識してみてほしい。**

デジタル広告でバナーが1回クリックされると、それが購入につながらない誤クリックだったとしても、数十〜数百円が課金される。一方で、顧客が店舗に来店して商品を手に取っても、何も課金されない。2つの行動には同程度の価値があるにもかかわらず、である。もちろん、店舗内での行動をすべてトラッキングすることはできないという違いはあるが、リテールメディアの登場が、店舗の価値を再評価する動きにつながっていくのではないかと筆者は考えている。

小売事業者とメーカーの立場が逆転？新しい関係性を築く難しさ

リテールメディアの支援をしていると、従来のデジタル広告では想定し得なかったさまざまな壁にぶつかることがある。誰が良い悪いではなく、メディア側である小売事業者、広告主側であるメーカー、そして筆者のようなベンダーも含め、業界の課題でもある。

これまでの広告においては、メディア側は広告主に選んで広告出稿し

てもらうために、媒体価値を高める努力をしてきた。しかし、リテールメディアにおいては、**小売事業者はメーカーの商品を店頭に並べて販売機会を提供する立場であると同時に、メディアとして広告主であるメーカーに選んでもらう立場でもある。**

　こうした立場の整理が付きづらい関係性があり、混乱が生じてしまうのは、リテールメディアならではの特徴だろう。現時点で、リテールメディアがこれまでの発注に関連する「販促」の一環なのか、それとも「広告メディア」として新しいサービスになるのか、定義をはっきり決めるのは難しい。小売事業者によっても定義が異なる場合があるので、広告出稿を検討するメーカーが戸惑うことがある。

　両者が広告メディアとして活用を検討できればよいのだが、単に「目立つ場所に陳列してもらうための広告出稿」となってしまうのは非常にもったいないと感じてしまう。リテールメディアの本来の役割は、従来のデジタル広告では不可能だったさまざまな施策を可能にし、効果を可視化して次の施策へとつなげることにある。

　そして、**リテールメディアはあくまで手段であって、目的ではない。小売事業者とメーカーがブランドを共に育てながら、店舗での売上も増やしていくという目的を達成するための手段**なのだ。この点を履き違えないよう、両者が相互に理解を深める必要があるだろう。

　混乱した状況の中では、よくあるケースとして小売事業者が売りたい商品と、メーカーがPRしたい商品にズレが発生することがある。筆者の経験では、ある飲料メーカーから新商品のPRをリテールメディアで実施したい相談があったが、小売事業者では新商品ではなく定番商品をPRしてほしいと意見があり、結局は施策そのものを断念したことがあった。従来のデジタル広告ではまず聞いたことがないケースなので、これもリテールメディアならではの課題だろう。

　また、第1章第3節（P.33）でも触れた「配荷率」の問題もある。その商品を目当てに来店した顧客を失望させてしまうことを懸念して、**どの**

店舗でも扱っている定番商品を広告してほしいというのが小売事業者側の要望になるが、新商品だからこそ（配荷率が低いからこそ）活用したいというメーカーの気持ちも理解できるので、難しい問題だ。

　対策としてはいくつかあるが、中でも有効なのがデジタルサイネージを活用する方法となる。デジタル広告では、どのユーザーがどこで買い物をするかは当然わからないので、広告に接触したユーザーが訪問した店舗に商品が置いていない可能性は残ってしまう。しかし、デジタルサイネージの場合は、商品が陳列されている店舗に限定して広告を配信できるので、この問題は回避できる。

　さらに、小売事業者から広告のクリエイティブにロゴを入れたいという要望が出ることがある。小売事業者としては自店舗で購入してもらいたいので、メーカーが出稿するクリエイティブに「購入は（店舗名）で」といった文言や、店舗のロゴを挿入したいというのである【図4-4-1】。**メーカーにとっては、どの小売事業者の店舗で購入されても構わないわけだが、広告配信に自社のデータが活用されている小売事業者としては、自店舗に誘導したいと思うのは当然のことだ。**

　この折衷案として、アドインテでは小売事業者のロゴあり／ロゴなしの2つのバージョンを用意して配信したことがあった。ロゴなしの場合は従来のデジタル広告と同じなので、クレームになる心配はないだろう。ただ、ロゴなしでの配信がすべてを解決するわけではなく、いつも買い物する店舗のロゴが入っているほうが、広告が目に留まる可能性が高くなることも事実としてある。小売事業者とメーカーの両者が、ユーザーに最適な情報を届ける方法は何かを議論する必要があるだろう。

図4-4-1 店舗のロゴ入り広告のイメージ

自店舗で購入してもらいたい小売事業者が、メーカーの広告クリエイティブにロゴの掲載を希望することがある。

小売事業者の組織体制は商品部との連携が鍵

　第1章第3節でも述べた通り、リテールメディアを推進する小売事業者では、組織体制に関する課題が発生しがちだ。**メーカーとの商談を担当する商品部と、リテールメディアを推進する部署が分かれていると、連携が取れずに効果の最大化を目指しにくくなる。**広告主がリテールメディアを活用しようと思い、付き合いのある商品部との打ち合わせに臨んだところ、ひたすらにクーポンの施策を勧められ、本来やりたかった広告施策を実施できなくなったケースもあると聞く。

　ほかにも、販促メニューや広告メニューが部署ごとに管理されており、バラバラになっているという課題もある。リテールメディアの施策が「点」でしか存在せず、デジタル広告とサイネージ、クーポンなども組み合わせた「面」としての活用ができないケースがある。

　この改善策としては、商品部とリテールメディア推進部門との連携が必須であることをトップ自らが理解し、組織改革を実現するほかないだろう。ある小売事業者では、**商品部の組織内にリテールメディアのチームを設けることで、一丸となって推進できている事例もある。**

　顧客接点を整理し、フルファネルの施策が実施できるようになり、販促と広告が連動することができれば、これほど効果を高められるメディアはほかに存在しないはずだ。

メーカーでの課題は従来施策との共存で解決

　組織体制についての課題は、リテールメディアに広告を出稿する側で

あるメーカーにも存在する。例えば、営業部、宣伝部、マーケティング部で施策の目的やKPIが異なることがあるが、これでは社内の施策を一定の基準で評価することができなくなってしまう。

　また、リテールメディアといえば「小売事業者のアプリ広告やデジタルサイネージのことだ」というイメージが先行しているケースもある。こうしたイメージの根底には、認知→興味関心→比較検討→購入という流れでユーザーが絞り込まれていくマーケティングファネルの中で、リテールメディアはファネル下部の施策だという認識が非常に強くあるように思える。しかし、前述したように、リテールメディアはファネル上部の認知施策としても有効に機能させることが可能だ。

　加えて、第1章の特別寄稿（P.43）で杉原氏が述べていたように、すでに6割のブラウザーでサードパーティCookieが利用できなくなっている現状では、小売事業者のファーストパーティデータを活用することが、マーケティングの精度を上げるために不可欠なはずだ。「デジタル広告 or リテールメディア」ではなく、「デジタル広告 with リテールデータ」という認識のもと、両者を併用していくことが、今後のデジタルマーケティングにおいて重要な考え方の1つになっていくだろう。

　筆者のもとに、ある食品メーカーから「昨年からリテールメディアへの投資を増やすことになった」との連絡をいただいたことがあった。理由を聞いたところ、リテールメディアを専門的に扱う部署が社内に新設されたのだという。その部署は、営業部と宣伝部、マーケティング部を連携させる役割を持っている。さらに、同社ではリテールメディアの活用法や事例などを社内で共有し、リテールメディアを活用すべき施策と、従来の手法を継続すべき施策を線引きする判断基準を作成しているという。

　今では企業での活用が当たり前になったSNS（ソーシャルメディア）も、登場したばかりの頃はどう活用するかを計りかねていた。リテールメディアも同様に、新しいメディアとして多くの企業が正しい理解を深め、ビジネスの成長に生かしていけることを願っている。

おわりに

本書を最後までお読みいただき、誠にありがとうございました。

リテールメディアは単に小売企業様が広告収益を上げるためだけのビジネスモデルではなく、物価高や人口減少、DX推進、Cookieレス対応、広告や販促の効率化、ユーザー体験向上など、さまざまな業界の課題を解決するための戦略の1つになると、私は考えています。

消費者の購買行動はオンラインとオフラインの境界を越えて多様化しており、それらを捉えることは非常に難しくなっています。この変化に対応するには、顧客を今まで以上に理解するための努力が必要です。仮説を立てて実行することも大切ですが、それだけではなく、実際の購買行動から逆算して効果を計測し、事実に基づいたPDCAサイクルを回していくことが重要になっていきます。

また、サードパーティCookie廃止の方針転換に代表されるように、今後はデジタル広告業界も大きな転換期を迎えるでしょう。リテールメディアを「販促」という枠組みだけでなく、文字通り「メディア」として捉え直す、よいタイミングになるのではないかと思います。

さらに、今後はAIの進化が幅広い業界やビジネス領域に影響を与え、変革を迫っていくことになるのは言うまでもないでしょう。当然、リテールメディアの領域も例外ではありません。

リテールメディアにおけるAIの活用

は、本書執筆時点ではまだ課題が多いといえますが、近い将来には、消費者の購買行動を理解し、クリエイティブの自動生成やレポートの高度化、パーソナライズされた広告を配信するための強力なツールとして発展していくことになるでしょう。こうした技術の進歩は、リテールメディアの価値や可能性をさらに広げることになると確信しています。

最後に、臨場感のある事例を提供してくださった小売企業様、メーカー様、関係者の皆様に、この場を借りて深く感謝を申し上げます。お忙しい中にもかかわらず、私たちからの直接の取材にご対応いただきました。紙面の都合上、掲載できた内容は一部ではありますが、お話しいただいた知見の1つ1つが「本書の価値」そのものだと思っております。

そして、本書を手に取ってくださった読者の皆様にも、深く御礼を申し上げます。本書が皆様のビジネスにとって有益な情報源となり、リテールメディアの活用による新たな価値を創造するきっかけとなることを心から願っています。

2024年11月　稲森 学

索引

アルファベット

AIBeacon — 62, 143, 171
ATT — 46
Azure Databricks — 175, 178
BigQuery — 102
CCPA — 45
CDP — 28, 62
Cookie — 15, 43
CPA — 113
CPC・CPM — 193
CRM — 38
CTV-OTT — 147, 172
DMP — 94
DSP — 36, 110
ECサイト — 26, 86
ETL — 174
GDPR — 45
GMS — 86
Google — 47
ID-POS — 13, 169
ITP — 46
JANコード — 170, 177
LTV — 22
Microsoft Power BI — 181
OMO — 14, 33
OTC — 67
PaaS — 174
POSAカード — 79
POSデータ — 13, 169
ROAS — 84
SKU — 159
SQL — 73, 180
UX・CX — 140
VOD — 18

ア

味の素 — 118
味の素AGF — 140
アトリビューション — 34
アンファー — 152
イオンリテール — 100
位置情報 — 25, 171
インタレストベース広告 — 44
ウォールド・ガーデン — 51
ウォルマート — 34
江崎グリコ — 130
オープンインターネット — 112

カ

会員内拡張 — 190
外部媒体（外部メディア） — 27
外部メディア拡張 — 190
花王グループカスタマーマーケティング — 158
確定ID — 167

205

クローガー	34, 38
クローズドループ測定	50
クロスデバイスターゲティング	115
広告識別子	13, 167
広告配信	34, 189
小売事業者のロゴ	41, 201
ターゲティング	21, 189
構造化データ	176
個人情報保護法	45
個人を識別するID	166
コネクテッドTV	18
コロナ禍	17, 158

サ

サードパーティCookie	15, 43, 167
サードパーティデータ	170
推定ID	168
スケーリング	176
セブン-イレブン・ジャパン	72

タ

ツルハADプラットフォーム	61
ツルハホールディングス	54
データウェアハウス	174
データクリーンルーム	37
データクレンジング	177
デジタルサイネージ	12, 24, 31
トランザクション	73
トレードデスク	36, 110

ハ

配荷率	40, 200
ビーコン	171
ファーストパーティデータ	13, 166
プライバシーサンドボックス	47
プライバシーポリシー	169, 196
ブランドパネル広告	78
フルファネル	88, 133
プロモーショナル・マーケティング	131

ラ

楽天グループ	86
リターゲティング広告	44
リテールメディア	12
アジア圏の事例	110
課題	37, 196
期待が高まる理由	15
顧客接点	23, 198
市場と消費者への影響	21
市場予測	19
事前・事後分析	182, 187
組織体制	37, 202
データの整理	166
分析メニューの最適化	180
米国の事例	33
予算	41
リベート	19
ロイヤルカスタマー	25

■ 協力 ■

株式会社アドインテ

丸山陽平（リテールメディア Div. シニアマネージャー）
藤惠 厚（分析オペレーション Div. ゼネラルマネージャー）
髙松 築（分析オペレーション Div. データエンジニアリングマネージャー）

STAFF LIST

執筆協力	深谷 歩（株式会社深谷歩事務所）
ブックデザイン	山之口正和＋齋藤友貴（OKIKATA）
DTP制作・校正	株式会社トップスタジオ
写真撮影	蔭山一広（panorama house）
デザイン制作室	今津幸弘
編集	佐々木 翼
編集長	小渕隆和

本書のご感想をぜひお寄せください
https://book.impress.co.jp/books/1123101142

読者登録サービス CLUB impress

アンケート回答者の中から、抽選で図書カード（1,000円分）などを毎月プレゼント。
当選者の発表は賞品の発送をもって代えさせていただきます。
※プレゼントの商品は変更になる場合があります。

■商品に関する問い合わせ先
このたびは弊社商品をご購入いただきありがとうございます。本書の内容などに関するお問い合わせは、下記のURLまたは二次元バーコードにある問い合わせフォームからお送りください。

上記フォームがご利用いただけない場合のメールでの問い合わせ先
info@impress.co.jp

※お問い合わせの際は、書名、ISBN、お名前、お電話番号、メールアドレスに加えて、「該当するページ」と「具体的なご質問内容」「お使いの動作環境」を必ずご明記ください。なお、本書の範囲を超えるご質問にはお答えできないのでご了承ください。

● 電話やFAXでのご質問には対応しておりません。また、封書でのお問い合わせは回答までに日数をいただく場合があります。あらかじめご了承ください。
● インプレスブックスの本書情報ページ https://book.impress.co.jp/books/1123101142 では、本書のサポート情報や正誤表・訂正情報などを提供しております。あわせてご確認ください。
● 本書の奥付に記載されている初版発行日から3年が経過した場合、もしくは本書で紹介している製品やサービスについて提供会社によるサポートが終了した場合はご質問にお答えできない場合があります。

■落丁・乱丁本などの問い合わせ先
FAX　03-6837-5023
service@impress.co.jp
※古書店で購入された商品はお取り替えできません。

実践リテールメディア
デジタルとリアルが融合する小売と広告の未来

2024年12月11日　初版発行

著　者　稲森　学（いなもり　まなぶ）
発行人　高橋隆志
編集人　藤井貴志
発行所　株式会社インプレス
　　　　〒101-0051　東京都千代田区神田神保町一丁目105番地
　　　　ホームページ　https://book.impress.co.jp/

本書の利用によって生じる直接的あるいは間接的被害について、著者ならびに弊社では一切の責任を負いかねます。あらかじめご了承ください。

本書は著作権法上の保護を受けています。本書の一部あるいは全部について（ソフトウェア及びプログラムを含む）、株式会社インプレスから文書による許諾を得ずに、いかなる方法においても無断で複写、複製することは禁じられています。

Copyright © 2024 AdInte co.,ltd. All rights reserved.

印刷所　株式会社　暁印刷
ISBN978-4-295-02020-2　C0034

Printed in Japan